犹太人 的 教子经

徐可夫◎编著

民主与建设出版社

图书在版编目（CIP）数据

犹太人的教子经 / 徐可夫编著. — 北京：民主与
建设出版社，2017. 8（2018.6 重印）
ISBN 978-7-5139-1662-2

Ⅰ . ①犹… Ⅱ . ①徐… Ⅲ . ①犹太人 - 家庭教育
Ⅳ . ① G78

中国版本图书馆 CIP 数据核字（2017）第 179505 号

© 民主与建设出版社，2017

犹太人的教子经
YOUTAIRENDE JIAOZIJING

出 版 人	许久文	
编　著	徐可夫	
责任编辑	郎培培	
装帧设计	润和佳艺	
出版发行	民主与建设出版社有限责任公司	
电　话	（010）59417747　59419778	
社　址	北京市海淀区西三环中路 10 号望海楼 E 座 7 层	
邮　编	100142	
印　刷	大厂回族自治县彩虹印刷有限公司	
版　次	2017 年 9 月第 1 版　2018 年 6 月第 2 次印刷	
开　本	880mm×1230mm　1/32	
印　张	8	
字　数	210 千字	
书　号	ISBN 978-7-5139-1662-2	
定　价	38.00 元	

注：如有印、装质量问题，请与出版社联系。

前言
PREFACE

教育成就孩子的美好未来

犹太民族，一个与我们同样有着5000多年悠久历史的古老民族。在历史上，他们曾受到过其他民族的奴役、歧视以至被迫流亡，其人口不到世界总人口的1%。然而，就是这样一个弱小的民族，却为世界文明做出了巨大的贡献，在经济、科技、思想、文化、教育等各个领域，犹太人都占据着举足轻重的地位。

为什么犹太人在全世界的影响力如此之大？为什么犹太人能够如此杰出呢？专家们一致认为，最根本的原因在于犹太人对家庭教育的高度重视。

犹太民族最优良的传统就是对家庭教育的重视，他们在求知、交友、处世、自我修养等方面具备卓越的文化素养，他们有着虔诚的求知好学精神，他们不仅严于律己，还将生活中的智慧与精华传授给孩子们。在犹太民族看来，知识和智慧胜过一切财富。

正是犹太人对教育的这种重视，使得犹太人不管流落于世界任何一个地方，都能如鱼得水般地开创他们的事业。犹太人相信，良好的家庭教育是民族的希望所在，任何成功都离不开父母对早期教育的重视。可以说，独到的家庭教育是犹太民族的成功秘诀。

回到当下，"望子成龙，望女成凤"是每一位中国父母对孩子的期盼。太多的父母教子心切，他们希望自己的孩子比任何人都优秀，容不得他们晚发芽、晚结果，甚至是一点反常都不能接受。但是，过高的期望反而增加了孩子的压力，导致了一系列不健康的行为和心理问题出现。

中国父母喜欢对孩子过度保护和过多干涉，对孩子的未来做过多设想，过早地安排孩子的发展方向。虽然有些家长想让孩子自由地表达和自己做决定，不再给孩子任何束缚，但往往因矫枉过正而走入另一个极端，他们高估了孩子在自我表现方面的需求。虽然孩子少一些束缚是好的，但不可以没有引导。

可以说，眼下中国父母对孩子的教育存在诸多问题。一味地庇护孩子或是不加引导，对孩子的成长都是不利的，所以很多父母在教育孩子的时候显得彷徨。那么，如何解决中国父母的这些问题呢？多学习、领会犹太父母的教育箴言，或许是非常值得借鉴的方法。

因此，我精心编写了这本《犹太人的教子经》。本书从犹太家教中挖掘精髓，提炼出犹太家教的10个成功理念。书中没有通篇的理论讲述，而是从头到尾穿插了引人入胜的犹太人家教故事，故事所表达的思想直接、鲜明地体现了犹太人独特的家庭教育理念。通过故事与理论的结合，不但增强了阅读的趣味，而且生动地呈现了犹太人家庭教育的情景，使读者能更好地学习犹太家庭教育的精髓。

如今，犹太家教理念已经使全球数千万的家庭从中受益，这些教育理念都是经过长期实践证实的最有效、最受欢迎的方法之一。相信广大父母读完本书一定会对孩子的教育有一个全新的认识。

最后，祝愿天下所有的父母都能将自己的孩子培养成杰出人才。

编　者

目 录
CONTENTS

第一章　尊师重教：教育是犹太民族的希望

第四章　独立意识：犹太子女的生存法则

第五章　性格教育：完美人格比智商更重要

第六章　品德培养：以德服人的犹太信念

第七章　处世学问：犹太人的"天下通道"

第八章　健康教育：好身体是一切美好的开始

第九章　财商教育：犹太人卓越的经商远见

第十章 享受生活：犹太人幸福快乐的秘诀

第一章

尊师重教：教育是犹太民族的希望

犹太民族是一个在苦难中生存的民族，他们始终坚信教育是拯救民族危机、营造自身文化的唯一方法。"没有教育，就没有未来。"在犹太人看来，教育就是他们心中的"第二个上帝"，正是这种观念成就了犹太人今天的辉煌。

没有教育，就没有未来。

——以色列开国元勋　本·古里安

犹太人把教育放在第一位

犹太民族是一个在苦难中生存的民族，他们没有被苦难击垮，反而成就了今天的辉煌。如今，犹太人里的巨贾富商、学术大师、科学泰斗等犹如天上的星星一样繁多。这与其崇尚知识、重视教育是分不开的。

在犹太人的眼里，教育永远是最重要的。"没有教育，就没有未来"是以色列开国元勋本·古里安的一句名言，同样也是所有犹太人心中的共识。犹太人认为，教育就是他们心中的"第二个上帝"，是神圣的。

犹太人对教育的重视并不是挂在嘴边的，而是用实际行动来说话。一直以来，犹太人捐款的第一方向就是学校建设。在以色列的一些大学里，奖学金、研究基金都由外国犹太商人提供。在希伯来大学、特拉维夫大学、以色列理工学院这三所最有名的大学中，至少有一半董事是外国人，尤其是美国犹太人。犹太人这种全民支持教育的行为着实令人敬畏。

其次，政府对教育的大力支持和投入更是不遗余力。因为政府相信"对教育的投资是最有远见的投资""教育上的投资就是经济上的投资"。这一点在以色列建国初期就得到了充分的体现。

1948年，以色列建国，当国家还处在隆隆炮火中时，以色列的首任教育部长盖尔叫来了他的秘书艾德勒。

"艾德勒，我们一起来草拟教育法，必须强迫3～15岁的孩子，让他们接受免费教育。"

"免费！"艾德勒惊愕不已。要知道，立国之初的以色列尚处在战火之中，战争的经费都是美国人提供的，而当时整个教育部只有盖尔和艾德勒两个人，唯一的财产是一台破打字机。

"是的！免费！"盖尔坚定地回答，"我们处在敌人的包围之中……我们必须培养高素质的人，只有这样才能对付几十倍于我们的敌人。"

盖尔激动地接着说："我们要建立一个历史博物馆。让孩子们知道3000年前圣殿被罗马人毁掉的悲剧，让他们知道在第二次世界大战中犹太人被屠杀的事实，知道那些毒气室、骸骨、鲜血和希特勒。还要让他们明白这里是全世界我们唯一可以自卫的地方，这块土地是我们的，我们没有别的地方可以去！"

就在这样艰苦的条件下，盖尔和艾德勒用那台破打字机打出了以色列的《义务教育法》。第二年，这部法律在以色列议会全票通过。

之后，以色列历届领导人都把培养高素质的人才看作一个关系到民族生存的根本问题。教育立国、科技立国是以色列从成立之日起就追求的目标。他们认为，如果不培养高素质的人才，建立一个模范的社会，以色列在国际上就得不到尊重，也无法吸引众多的犹太人来这里定居。这样，以色列就无法生存下去。

所以，以色列刚一建国就将教育放在了优先地位，立即着手草拟教育法，并在1953年颁布了《国家教育法》，1969年颁布了《学校审查法》等。正是这一系列法律的制定，确立了教育在以色列的地位，形成了以色列独特的教育制度。

犹太人相信，有付出就有回报，他们对教育的投资取得了累累硕果。在以犹太人为主的以色列，文盲率只有5%，获得学位的人占全国总人口的20%，平均每353人中就有一名博士，每4500人中就有一名教授或副教授。在世界诺贝尔获奖得者中，只占世界人口1%的犹太人却占了20%的获奖席位。

对犹太民族来说，教育是他们得以生存的根本。没有教育，就撑不起犹太人今天的辉煌。可以说，任何一个时代，教育都是通向成功的途径。尤其是在今天的社会，受教育程度和收入水平之间更是存在着直接的关联。我们要学习的正是犹太人这种对教育的重视与崇拜的精神，并牢记教育是社会发展的根本。

学校在，犹太民族就在。

——以色列伟大教育家　约哈南

学校——犹太民族的希望所在

在犹太民族数千年的历史中，他们始终坚信教育是拯救民族危机、营造自身文化的唯一方法。因此，学校在犹太人的心中占据着特殊地位。今天，人口仅800多万的以色列拥有着希伯来大学、特拉维夫大学、以色列理工学院、海法大学、内格夫—本古安大学和巴尔伊兰大学六所跻身世界一流的名牌大学。

犹太人之所以如此重视学校的建设，除了他们具有"以知识为财富"的价值取向外，还在于他们认为，学校是一口保持犹太民族生命之水的活井。以色列伟大教育家约哈南·本·札凯就说过："学校在，犹太民族就在。"

传说公元68年，耶路撒冷被罗马军队包围，城内的犹太人面临灭绝的危险。在这危急时刻，约哈南认为应该通过和平方式解决危机，然而他却被鹰派关押了起来。

后来，约哈南突然想到了一个办法——诈死。信徒们把约哈南装进棺材，以下葬为名，帮他逃出鹰派的魔掌，来到了罗马军队驻守的阵地前。约哈南走出棺材，见到了罗马军队的统帅。

约哈南直视着司令官韦斯巴芗的眼睛，说道："阁下不久就会成为罗马帝国的皇帝。"

韦斯巴芗看到约哈南郑重其事的样子，听到有人说自己会成为皇帝，高兴起来，便对约哈南说道："你来拜见我有什么目的呢？"

约哈南回答说："请您答应我一个请求，给我留下一个能容纳十几个拉比的学校，并且永远不要破坏它。"韦斯巴芗认真地点了点头，说："如果我能到耶路撒冷，你的愿望就会实现。"

后来，罗马皇帝死了，韦斯巴芗作为帝国最有贡献的将军成了帝位继承人。当罗马军队血洗耶路撒冷时，韦斯巴芗遵守承诺，留下了一所能容纳十几个拉比学习的学校，这使得圣经学院得以幸存。

约哈南之所以这样做，是因为他知道耶路撒冷难逃血洗的命运。为了保留民族生存的希望，他才冒着生命危险保下了这所学校。学校留下的十几位老年智者，保留了犹太民族的知识、犹太民族的传统。战争结束后，犹太人的生活模式才得以继续保存下来。

可见，犹太人对学校具有卓越的远见，他们无时无刻不对学校教育寄予厚望，以至以色列刚刚建国，就把学校建设列入国家的主要计划，在短短的几年内建立了各级门类齐全的学校。

犹太人认为，学校不仅是培养人才，更是维护民族共同体的重要途径。只有通过正规的学校教育，才能保证后代很好地维护犹太人的民族身份，发扬犹太人的民族精神。这正是一个弹丸之地的以色列，能够开发出世界先进的高科技农业、一流的军事工业以及成就犹太民族在世界的影响力的原因。

教育使一个民族迸发出非凡的智慧，学校是孩子们学习和传承文化的地方。如今，各个国家对教育越来越重视，教育水平在不断地提高，优质的学校如雨后春笋般遍布。学校不仅是孩子学习知识的地方，更是明白做人道理的地方。

一个国家需要像犹太民族一样重视教育，注重学校的建设；作为家长，也应该像犹太人一样重视家庭教育，培养孩子美好的品德，发扬他们积极向上的天性，激发他们热爱学习的兴趣。如此，才能培养出更杰出的孩子。

母亲是孩子的第一任教师，母亲的
语言和行为对孩子的一生将产生重要的
影响。

——《诺未门》

教师妈妈是每一个犹太家庭的期望

在犹太人的择偶标准中，学识是非常重要的一条。因为犹太人认为，只要能娶学者的女儿为妻，即便自己死了，或者被流放，也完全相信自己的孩子会有学问，会继承他的事业。因此，从事教师职业的女性是犹太人心中理想的对象之一。

犹太人之所以希望自己的家庭有一位教师妈妈，这与犹太妈妈在家庭中的地位和作用是分不开的。在犹太家庭中，大多数妈妈都是全职性的，她们的主要责任就是家庭教育。如果你让她们把教育孩子的责任交给其他人，她们会觉得很不可思议。在她们的文化当中，这是无法想象的事情。

在犹太人的择偶标准中，知识和智慧是他们最看重的。有这样一个说法：

犹太男人在挑选对象时，他们不会看外表，而是看家庭背景，因为他们认为优雅风度是虚假，美貌是徒劳，敬畏上帝的女儿才值得赞美。

犹太人认为，为了能和学者的女儿结婚，变卖所有家产也在所不惜；如果娶不到学者的女儿，娶一个大人物的女儿也未尝不可；如果娶不到大人物的女儿，娶一个犹太领袖的女儿也可以；如果娶不到犹太领袖的女儿，就娶一个慈善家的女儿为妻；如果娶不到慈善家的女儿，那么就娶一名教师的女儿。

犹太人都希望自己拥有一个智慧的妻子，因为有了足够的智慧才能教育出杰出的孩子。他们认为，母亲在家庭教育中的作用是巨大的。一般来讲，犹太妈妈在孩子的家庭教育中扮演着三个重要角色。

1. 保护者

犹太妈妈对孩子非常溺爱，但又非常坚持原则。比如，在吃饭的时间，孩子没有过来吃饭，那犹太妈妈一定会让他饿着，让他知道下次该怎么做。在孩子需要爱的时候，犹太妈妈会给予孩子最大程度上的爱，但是当她觉得孩子需要帮助、建立规则的时候，她又知道如何通过力量和坚持帮助孩子养成良好的规矩。这些都是非常值得我们学习的。

2. 教育者

每一位犹太妈妈都认为自己应该充当孩子的教育者，这也是为什么很多犹太家庭更希望有一个教师妈妈的原因。在犹太文化当中，没有一位妈妈会去质疑"我为什么要教我的孩子"，而且每位妈妈都非常清楚如何教育孩子。

3. 陪伴者

在犹太妈妈的观念中，妈妈的陪伴是孩子终身安全感的来源。孩子0~3岁的安全感的建立就来自跟妈妈的关系；而3~6岁是跟爸爸的关系，因为爸爸代表外在世界的关系。犹太妈妈非常清楚这一点，她们非常注重对孩子的早期教育。

除此之外，一个犹太妈妈还要花费很多精力去培养孩子的读书习惯。在孩子第一次接触书的时候，她们就在书上滴上蜂蜜，让孩子知道书是甜的。每个犹太家庭都有一个偌大的书柜，每一个房间的床头柜上基本都放着书。犹太人有一句经典谚语——"我所有的财产都可以被烧，唯独我的书不可以。"可见，书对犹太民族的重要性，因为书代表的是智慧。

所以说，犹太民族家庭教育的根基深厚，离不开犹太妈妈的每一分努力。每一个家庭、每一位妈妈都非常明确地知道，从成为母亲的那一天起，就意味着她将扮演孩子的保护者、教育者和陪伴者。

婴儿断奶时就应该接受教育。

——犹太智语

犹太人对早期教育尤其重视

犹太人非常重视对孩子的早期教育，这与我国"三岁看大，七岁看老"的理念有着共通性，可以说中国人和犹太人都是非常重视早期教育的。比如，我国自古就有"子不教，父之过"的古训；犹太父母则认为孩子的早期家庭教育在孩子的一生中起着至关重要的作用，是孩子未来成长、成功的基础。

犹太人有这样一句智语："牙牙学语的孩子首先应该学会这样的诗句——'摩西将律法传给我们作为雅各会众的产业''婴儿断奶时就应该接受教育'。"

可见，犹太人对孩子早期教育的重视。正是这样的早期教育理念，造就了爱因斯坦、洛克菲勒、哈默等伟大人物，他们的成就可以说都得益于父母进行的早期教育。

爱因斯坦4岁的时候，还不会说话，人们怀疑他是个"低能儿"。然而，作为电机工程师的父亲，并没有对儿子失去信心，他想方设法地让爱因斯坦发展智力。他为儿子买来积木，教他搭房子。小爱因斯坦每搭一层，父亲便表扬和鼓励他一次。在这种激励下，爱因斯坦一直搭到了十四层。

上学后，爱因斯坦依旧平庸，连学校的老师都断言他将一事无成。大家的讽刺和讥笑让爱因斯坦灰心丧气，他不愿去学校，害怕见到老师和同学。但是父亲却鼓励他："我觉得你并不笨，别人会做的，你虽然做得一般，却并不比他们差多少，而你会做的事情，他们却一点都不会做。你表现得没有他们好，是因为你的思维和他们不一样，我相信你一定会在某一方面比任何人都做得好。"父亲的鼓励，让爱因斯坦振作起来。

后来，爱因斯坦就是在父亲不断鼓励的情感教育、母亲的音乐熏陶及叔父的数学启蒙下，培养起了非凡的思维能力和丰富的想象能力，最终成为一位伟大的科学家。

犹太民族之所以出现这么多伟大人物，与其特有的早期家庭教育是分不开的。在犹太人看来，早期教育决定了孩子的一生。犹太人的早期教育从幼儿开始，目的是使儿童的教育有"先起步"的优势，尤其是在儿童适应社会生活和语言发展方面。

当犹太人的孩子到了3岁时，他们就会被带到类似私塾的地方，学习希伯来语，等到他们会读之后，就开始拿着有希伯来文的书本学习如何写字。

接下来，犹太人会让孩子们背诵一些祈祷文，他们不要求孩子了解文章的意思，只是教孩子读书，而且以背诵为目标。犹太人认为这个时候如果没有建立起记忆力基础的话，那么往后就没有办法学到其他的知识。

犹太人除了注重早期对孩子的知识教育，还特别注重生活上的教育。比如犹太人对孩子时间观念的培养，当孩子问现在几点钟的时候，犹太人总是告诉孩子几点几分几秒，而不会说"几点多了"这样模糊的概念。犹太父母认为，通过这样的回答可以让孩子懂得时间观念。

又如，世界上大多数国家都是将胜利、喜庆的日子作为节日，而犹太人最大的节日是"逾越节"，即纪念犹太人祖先在埃及当奴隶的日子。在这一天，犹太人会给孩子吃一种很难吃、没有发酵的面包和苦树叶，然后给孩子讲述犹太民族在埃及受辱的历史。

这一系列的早期家庭教育，为犹太孩子未来的学习和生活打下了坚实的基础。可以说，发达的学前教育，不仅使孩子从小接受了基本的知识教育，而且培养了他们在各个方面的综合能力，使孩子从小养成热爱学习、热爱知识、懂得做人的良好习惯。因此，每一位父母都应注重对孩子的早期教育，从而让孩子在未来走上一条成功之路。

注意你们在孩子面前的一举一动，你们的每一个举动都已铭刻在孩子的记忆里，决定着他们的未来。

——犹太箴言

犹太人秉持"身教重于言教"的理念

在犹太家教的理念中，犹太人非常注重对孩子的身教。一方面，犹太妈妈认为，想让自己的孩子成为怎样的人，父母首先应该是那样的人。另一方面，孩子的成长需要让他们更多地去亲身体验，而不是试图用三言两语让他们懂得某个道理。

犹太人认为，童年时期是孩子人格形成的重要时期。此时孩子学习的最佳对象是父母，父母的言行能在最大程度上影响孩子今后的人生态度。父母应该给孩了树立榜样，做到以身作则，通过日常生活中的点滴身教，在潜移默化中影响孩子的发展。

珊莉在妈妈眼里一直是个很听话的孩子，不过偶尔也会有小脾气。

每次听妈妈讲过一些道理之后，她很快便能认识到自己的错误。

可是最近几天，珊莉对大人说话很没有礼貌，经常大声地呵斥"不跟你玩了"。妈妈一见珊莉这样，就会告诉她不可以没礼貌。

后来，妈妈发现爸爸这段时间因为装修房子又累又烦，情绪不好，有时会大声责骂孩子，结果珊莉无意中学会了呵斥。这一发现令妈妈决定从根本上改变珊莉的坏脾气，她认真地和家人谈了话，让家人做到不随便责备人，多些理解与宽容，尤其对孩子要有耐心。

有时珊莉不听话，爸爸忍不住地想发火时，妈妈就充当灭火器。如今，珊莉过得很快乐，见了院子里的老人她都会大声地叫"爷爷、奶奶"，有礼貌多了，家里的笑声也多了。

可见，孩子的模仿能力是很强的。也难怪很多人说孩子是反映父母的一面"镜子"，就连托尔斯泰也说过："全部的教育，或者说百分之九十九的教育都归结到榜样上，归结到父母自身生活的端正和完美上。"犹太人认为，父母的言行、行为和姿态会自然而然地传递给孩子，从而影响孩子的行为和性格的形成。父母作为孩子的第一任老师，其言传身教对孩子的影响是巨大的。所以，孩子有了坏习惯，不要一味地责备孩子，而应先从自己身上找原因。

犹太人对身教的理解还包括另一层含义，那就是在教育孩子的时候，让孩子亲身体会，而不是试图通过说教来让孩子明白某件事或某个道理。犹太人认为，没有什么比让孩子亲自去感受更能让他们学到知识了。

著名经济学家大卫·李嘉图也是一名犹太人。9岁时，有一天他在商店的橱窗里看到了一双边缘有皮毛的鞋，非常喜欢，吵着让大人给他买。但父亲不同意，认为这双鞋不适合他穿。大卫·李嘉图哭着闹着，执意要买，父亲同意了，但是有一个条件，买了就必须穿上。

穿上鞋后，大卫·李嘉图发现，这是一双木鞋，穿着在街上走起来咔嗒咔嗒直响，惹得所有的行人都回头盯着他瞧。大卫·李嘉图本想穿一双独特的鞋，满足一下自己的虚荣心，结果却穿着木鞋每天去丢脸。

为了摆脱这双鞋，他真愿意付出一切代价，但他又没有别的鞋子可穿。任何人都无法想象他穿这双鞋有多痛苦，他每次走路都要小心翼翼地，以免发出那丢人的咔嗒声。经过这件事之后，大卫·李嘉图再也不敢任性和贪图虚荣了，这对他日后的成长产生了重大的影响。

身教是犹太人家教中胜于言教的理念。他们认为，父母的职责就是观察孩子的好恶，给予孩子所需要的、积极向上的刺激，用自己良好的言语、心态、行为去影响孩子，并通过让孩子亲身体验的身教，培养孩子优良的品德。

> 成功的方法不能复制，不同的人有
> 不同的发展环境和机遇，但绝大多数真正
> 的成功者都有共同的特点：善于寻找生
> 活中的榜样，学习和借鉴他们的经验。
>
> ——犹太箴言

任何人都可以成为自己的老师

犹太民族对教育的重视及其对教师的尊重，是非常值得我们学习的。犹太父母经常教育孩子要有良好的学习态度，不但要勤奋好学，而且要虚心向他人请教。因为每一个人都有自己的长处，都有值得学习的地方。犹太人认为，每一个人都是自己的老师。

杰弗逊出身贵族，他的父亲是军中的上将，母亲是名门之后。17岁时，杰弗逊就读于威廉与玛丽学院，学习成绩非常优秀，尤其是历史和语言课。同时，他对农艺、数学和建筑学等也有浓厚的兴趣。后来，他自己设计建造的蒙蒂塞洛宅邸，在古典风格的基础上，加上自己独特的风格，成为当时美国第一流的建筑。

由于出身贵族，杰弗逊有着仪表堂堂、谈吐生动、富于朝气、喜爱社交等优点。他善于演奏小提琴，只要有机会，就在总督府与一些年长的社会名流一同演奏古典乐曲，并经常同他们交谈，使杰弗逊获益匪浅。

另外，杰弗逊打破了贵族阶层的恶习，他主动与各阶层人士交往，这在当时是很少见的。他的朋友中既有社会名流，也有普普通通的仆人、园丁、农民或者贫穷的手工业者。他的优点便是善于从各种人身上学习，因为他知道每一个人都有自己的长处，都有金子般发亮的东西。

正是由于杰弗逊这种不耻下问、善于学习的过人之处，使他比其他的领导者更清楚民众到底在想什么，到底最需要什么，这也是他成为一代伟人的原因所在。

可见，不论是做学问，还是做人，都要善于向每一个有专长的人学习，那种"我比周围的人都聪明，因此我完全不用理会别人说什么"的想法是错误的。学习是一个非常广泛、综合的内容，每个人都有自己的优点与缺点，你可以向任何一个人学到很多东西，要看到每个人的长处，取人之长补己之短。

林肯是美国人心目中非常有威望的一位总统，你一定会认为他受过良好的教育和训练，然而，事实并非如此，他的父亲是一个目不识丁的木匠，他的母亲是平凡的家庭主妇。

了解的人都知道，林肯所受的教育是极不完整和正规的，他一生中只上过几天的学。被选为国会议员后，他曾对众人承认过这一点。那么，谁是林肯的老师呢？是在肯塔基州森林地带巡游的数位村儒学究，是他们在无意之中帮助了林肯。

林肯的老师还包括伊利诺伊州第八司法区的许多人。他曾每天和农夫、律师、商人商讨国家大事和世界上发生的事情，从他们身上学到了很多知识和道理。林肯成功的秘诀就是：每一个人都可能做他的老师。

从林肯的故事中，我们可以知道，多向他人学习才会取得更大的进步。孔子所说的"三人行，必有我师焉"，也蕴含着这样的道理。犹太父母经常教育孩子，老师和同学，甚至是周围的任何一个人都可以成为请教的对象。对孩子来说，只有不断地向不同的人学习，才能获得更多的智慧。

教师是神圣的，因此，每一个孩子
都要像尊重上帝那样尊重教师。

——犹太箴言

培养孩子从小做一个尊重教师的人

在早期的犹太社会中，教育的形式主要以家庭教育为主。那时候，社会上并不存在专职的教师，教育子女的任务主要是通过妈妈来完成的。

后来，因为专业的分工，才有专职的教师出现。例如，拉比是犹太学校的负责人与专职教师。他们是智能与权威的象征，除了要解答学生的疑惑，还要引导并确立学生的人生方向。拉比的话语，常成为犹太人的生活准则。

犹太人极其敬重教师，在他们流亡的年代里，如果有人对教师出言不逊，使教师受辱，会被处以罚款；严重者，甚至会被逐出犹太社区。教师是一个高贵的行业，是一种人人尊重的职业。犹太人的传统是：尊敬老师，如同敬畏上帝。下面这个故事，足以证明教师在犹太人心中的地位。

有一位犹太青年得到消息：他的父亲被官员抓去了，需要10个银币才能保释出来。于是，他急忙凑足了10个银币，前去救父。到了那儿，却意外地发现他的老师也在其中，这使他陷入困境，不知如何是好。

后来，青年人回来询问拉比："我该将谁保释出来呢？他们在我的心里面是一样伟大的。"拉比问他："你手上这10个银币是怎么来的？"青年立刻明白了。

于是，青年先将他的老师保释出来，然后再去凑另外10个银币。这样做是因为教师给了他一技之长，让他有了赚钱的能力。

可见，在犹太人心中，教师的地位甚至超过父母，这在我们看来是不可思议的。教师之所以受人尊敬，是因为他们肩负着培养下一代的重任，他们关系着民族的未来。一个学生如果不尊敬自己的老师，他的未来必定会荆棘重重。

约力夫是个摔跤高手，他拥有众多的绝招，每次出手都变幻莫测。在他的众多徒弟中，萨利尔是最优秀的一个。

有一天，国王亲自点名要看萨利尔和师父的摔跤。比赛时，萨利尔耀武扬威地走进场地，像只被激怒的狮子，对待他的师父就像对待敌人一样。约力夫知道力气比不过徒弟，就用巧劲和没教过的招式将萨利尔摔在地上。

满场的人都欢呼起来。国王奖给师父一件华丽的袍子，并斥责萨利尔说："你太狂妄自大，妄想和你师父较量，可结果呢？"

萨利尔说："国王！他不是凭借力气胜的我，而是有招式没教给我。他凭的是技术打败我的。"师父说道："我留下这手就是为了今天。"

萨利尔之所以败了，是因为师父看到了他的狂妄自大，所以才留下一手。犹太人相信，只有具备高尚的品德及对他人的起码尊重，才能成为一个高手。在犹太人看来，作为家长要十分注重培养孩子对老师的尊敬。对此，可以从以下几个方面来教育孩子。

1. 做孩子的表率

父母的行为会深刻地影响孩子。不管对孩子的老师是否满意，只要对方具备师德，犹太父母都会对他们尊敬有加。另外，犹太父母还经常和老师交换想法，了解孩子的现状。更重要的是，不当着孩子的面议论老师以及学校的是是非非。

2. 尊重教师的劳动成果

犹太人认为："尊重教师，就是尊重教师的劳动成果。"教师把学识毫无保留地传授给孩子，就是希望他们学有所成。犹太父母经常教导孩子：他人为你付出劳动和艰险，你就要尊重他人。在犹太人看来，尊重教师的劳动成果，是一个人要具备的最起码的品德。

3. 要理解和信任教师

师生之间拥有最起码的信任，才能拉近彼此的距离，才能更好地进行教学。犹太父母时常教导孩子要尊敬老师，不要迟到、早退，上课要认真听讲。他们通过讲故事或是事实，让孩子明白老师的一切努力都是为了孩子的进步。

榜样的力量是无穷的。

——犹太箴言

树立榜样是家庭教育的重中之重

犹太人在教育孩子时，非常注重树立孩子心中的榜样，他们希望孩子像他们心中的榜样一样优秀，而这样的榜样包括犹太传统中的成功商人，也包括各个领域的专家学者。无论是谁，犹太父母都会教导孩子结合自己的天赋和能力，去寻找属于自己的榜样。

当孩子寻找榜样的时候，犹太父母会告诉孩子首先要看榜样是否值得学习和效仿。因为一旦发现榜样并不是那么的完美，甚至不值得跟随，那么不仅孩子幼小的心灵容易受到伤害，而且会影响他们正确世界观的形成。为此，犹太父母经常给孩子讲鹰王的故事，让孩子明白要寻找正确的榜样。

鹰很早就被人认为是尊严和权力的象征。它的形象被波斯人、罗马人、波兰人、德国人、奥地利人和西班牙人用作国徽，可见鹰在他们心目中的地位。

有一只高傲的鹰王，年老的时候独居在最高的山峰上。一天，它感到自己即将死去，就把所有的孩子叫到身边。等它们聚齐了，鹰王说道："我养育你们，目的是让你们从小就有能力看太阳，我把你们的兄弟们（视力低下者）都饿死了。因此，你们有资格也有能力比其他鸟类飞得更高。"孩子们恭恭敬敬地听着鹰王的教诲，不断地点着它们高傲的头颅。

停了片刻，鹰王继续说道："所有的野兽都应该惧怕你们，但是，你们不能伤害尊敬你们的野兽，并且应该把你们吃剩的食物让给它们吃。""是的，我们遵命！"所有的孩子一齐低声回答。鹰王接着说道："我马上就要离开你们了。但是，我绝不会死在巢里，我要飞向那辽阔的苍穹，飞到双翅能把我带到的天空，我要飞向那万能的太阳。假如能飞到那里，就让太阳的光焰焚烧我的羽毛，我再飞速地冲向地面，跃进大海。在大海中，我会神奇地复活和恢复青春，获得新生。这就是鹰的天性，这就是我们高贵的命运。"

讲完之后，鹰王就开始飞行。它庄重、威严地先围绕孩子们居住的高峰飞了一圈。接着，它猛然向高空飞去，以便让太阳的光辉焚烧那一双疲劳的翅膀。

故事中的鹰王以最高贵、最勇敢的方式结束了自己的生命，一方面表明了它搏击长空的可贵精神，另一方面用这种精神为小鹰们树立了一道永恒的丰碑，成为它们的楷模。犹太父母认为，孩子就应该寻找像鹰王这样的榜样。

俗话说："榜样的力量是无穷的。"对于孩子米说，榜样非常重要，孩子的年龄越小，榜样的感染力就越大。犹太人认为，孩子出生以后，父母是他们首先接触到的人，他们的行为习惯深受父母的影响，可以说父母有什么样的行为习惯，孩子就会有什么样的行为习惯。

家长要特别重视榜样对孩子的影响，时刻给孩子树立好榜样。苏联的著名教育家马可连柯曾经讲过："一个家长对自己的要求，一个家长对自己家庭的尊重，一个家长对自己每一个行为举止的注重，就是对子女最首要的、也是最重要的教育方法。"如果家长能以身作则，那么便能成为孩子的表率，这不仅可以提高和树立家长在孩子心目中的威信，也可以让孩子成为更优秀的人。

所以，在日常生活中，父母要时刻严格要求自己，起到模范带头的作用。要求孩子做到的，父母首先要做到；要求孩子好好学习，父母也要经常看书充实自己；要求孩子要有团结友爱、互相帮助的精神，父母也要营造和谐的家庭环境，和睦邻里，友好往来。只有父母始终如一地严于律己，才会对孩子产生耳濡目染、潜移默化的影响，也就会赢得孩子的信赖与尊敬，因为父母本身的言行就是一种实实在在的巨大的教育力量。

第二章

珍视时间：做一个与时间赛跑的人

———————❀———————

时间意味着什么？在犹太人眼中，它不仅意味着金钱，更意味着生命。所以，犹太人非常珍视时间，他们经常与时间赛跑，并合理地规划时间，这令他们利用时间的效率极高。犹太父母把这种对时间的态度灌输给孩子，让孩子也成为一个惜时的人。

勿盗窃时间。

——犹太箴言

树立时间就是金钱的观念

犹太人的时间观念非常强，他们认为时间就是金钱，珍惜时间与赚取金钱是一样的。所以，犹太人在很小的时候，父母作为孩子的第一任老师，就会拿出一块刻着"爱惜光阴"的手表给孩子看，并教诲他们惜时如金。

"你要等待救世主的到来吗？那你把每一天都当作最后一天吧。"犹太人就是这样紧迫地看待时间的。在他们眼里，时间就是金钱，是绝对不可以随意浪费的。"勿盗窃时间"是犹太人经商的一句格言，时间和商品一样是赚钱的资本，可以增加利润，因此盗窃了时间，就等于盗窃了商品，也就是盗窃了金钱。

犹太人的工作都是以秒计算的，一旦规定了工作时间，就严格遵守。下班铃声一响，即使只需再花一分钟就能完成的一件公文，他们也会停下工作，按时下班。或许你觉得难以理解，但是这种强烈的时间观念，不仅提高了他们的工作效率，还使他们把时间和商品对等，认为盗窃时间就像偷取别人金柜内的金钱那样可耻。

因此，盗窃时间带来的金钱损失，犹太人在心中是算得很清楚的。比如一位月收入20万美元的犹太富商，他每天的工资为8000美元，那么每分钟约为17美元。假如他被人打扰，浪费了5分钟，那就相当于被窃取了85美元。所以，犹太人在工作的时候从来不做无聊的会客，不允许任何的打扰。即使是业务上的联系，也必须事先做好预约。

美国金融巨头约翰·皮尔庞特·摩根就是惜时如金的最好代表之一。这位犹太金融寡头曾经风靡一时，他几乎控制了美国经济的半壁江山，并曾经两度让美国经济起死回生。他拥有的金钱之巨，令人咋舌。但是辉煌财富的背后，离不开摩根珍惜时间、雷厉风行的作风。

为了提高工作效率，摩根一是把自己的办公室和其他人的办公室相连，这样各部门的经理可以随时请示、征询他的意见，省去了很多环节；二是工厂出了问题可以直接找他，以便得到及时处理。不过，这些措施还是让他每天都很忙碌。

摩根就采用犹太人独有的处理方式，在和下属会面的时候，直接问有什么事情要处理，然后简明扼要地交代三两句。他的部门经理们在汇报工作的时候，也干净利落地说明问题，不带任何含糊和拖泥带水。这样直接切入主题的会谈很好地珍惜了时间。

另外，摩根很少和人客套寒暄，只有某个十分重要的人物来了，他才会客套几句，而且他有个原则，就是与任何人的聊天时间不超过5分钟，即使是总统来了，他也一样对待。这样做的目的是充分提高时间的使用效率。摩根就是凭借这样的雷厉风行，成为美国历史上无可复制的传奇，曾经被称为"华尔街之子"。今天，摩根财团仍然是华尔街的金融巨子。

可见，一个成功的人，一定懂得惜时如金。只有充分利用时间，才能创造更多的财富。犹太人认为，时间是金钱，但又高于金钱。如果花钱能提高工作效率，他们会毫不吝啬。因为用钱提高了效率，就等于增加了时间，有了更多的时间就会带来更多的财富。

所以，犹太人从小就对孩子进行时间观念的培养。父母应该告诉孩子：今天就是最后一天，永远不要等待明天，因为没有人知道明天会是什么样子。时间就是金钱，一分钟都不可以放弃。抓住了时间，就等于找到了机会，就等于成功了一半。

真正懂得珍惜时间的人，就知道珍惜生命，善待人生，享受生活。

——犹太箴言

做时间的主人，而不是奴隶

犹太人非常注重时间，把时间看作金钱，但这并不意味着他们只会盲目地追求时间，被金钱所役使。他们清楚地知道金钱是无限的，而时间是有限的，用有限去追求无限，本身就是不可能的。所以，犹太人不仅知道利用时间去赚取财富，更知道利用时间来享受生活。

如今，面对紧张的节奏，大多数人经常努力地工作，却逐渐远离了自己本来应该拥有的生活。犹太人认为，这种"忙碌"看上去是一种勤勉，但并不值得盲目的称赞。

在犹太人心中，工作对人生是有益的，但是如果一个人只知道工作，而不知道休息的话，他就会失去人性。因此，在假日里，他们会脱离所有工作的羁绊，全身心地休息。因为只有合理地对待时间，做时间的主人，才是真正的人生。

卡尔·华尔德是一位钢琴教师。有一天，他突然问他的一个学生："你每天练琴要花多少时间？"学生回答说："三四个小时。"

"你每次练习时间都这么长吗？"

"是的，我想利用足够多的时间来练习，这样才会有更多的进步。"

"不，你不需要这样！虽然你很珍惜时间，但也需要休息，不是吗？你长大之后会有很多空闲时间，你现在要培养的就是让弹钢琴成为你日常生活中的一部分。"华尔德说道。

是的，每个家长都告诫孩子要珍惜时间。但是在犹太人看来，一个人要有时间去思考事物的本质，这样才不会偏离人生的方向。最好的方法就是从忙碌中停下来，放松一下心情，去思考一些问题，纵使你无法得到答案，也能深刻地认识到问题的存在，让你找到自己的出路。

犹太人很早就领悟到了"时间就是金钱"的真谛。不仅如此，犹太人更把时间看成是生命。谁能抓住时间，谁就是成功者，但他们绝不做时间的奴隶，他们更懂得生活，更懂得休息。如果为了工作而占用了享受生活的时间，那便是罪恶。

当然，过分享乐，同样是一种罪恶。真正懂得珍惜时间的人，才知道珍惜生命、善待人生、享受生活，才能在有限的时间和生命中去寻求人生价值的平衡。因此，父母必须让孩子树立起这样的时间观念，才会有更好的人生。

要在两列火车会车时做交易。

做一个与时间赛跑的人

犹太人追求快节奏、高效率的生活方式。在他们的观念中，人生就像从火场里抢东西，抢出的东西越多，人生就越有价值。"要在两列火车会车时做交易"是犹太人做生意时的至理名言，反映出犹太人追着时间的脚步不停地奔跑的态度。

犹太人把时间看得那么重，是有其道理的。时间是交易成功的必要条件，是达到经营目的的前提。比如，与对方签订合同时，要充分估计自己的交货能力是否能按客户要求的质量、数量及交货期去履行合约。如果可以办到，就与其签约；如果办不到，切不可妄为。

时间的价值还表现在生意的全过程中。犹太人认为，一个企业经营效益的高低，与其经营费用水平的高低息息相关。根据众多的企业核算，企业的经营费用中有70%左右是花费在占用资金的利息上的。

比如，一个企业一年的营业额为10亿美元，其资金每年周转2次，言下之意，该企业每年占用资金为5亿美元。按通常的银行利息为12%（年息）计算，一年共支付利息达6000万美元。如果该企业能把握一切时间并进行有效管理，使资金周转达到一年4次，那么其支付的利息就可以节省一半，换句话说，该企业就可以多赢利3000万美元了。

南非首富巴奈·巴纳特刚到伦敦时还是个一文不名的穷小子。他带着40箱雪茄烟来到南非，用雪茄烟作为抵押，获得了一些钻石，又将钻石拿去贩卖。在短短的几年里，他便成了一个富有的商人。

巴纳特获利有一个呈周期性变化的规律，就是每个星期六是他获利最多的日子，其奥秘就是他巧借了个时间差。因为星期六这天银行较早停止营业，巴纳特便可以用空头支票购买钻石，然后在星期一银行开门之前将钻石售出，再在自己的账户上存入足够他支付星期六开出的所有支票的钱。巴纳特利用银行停业的一天多时间，拖延付款，在没有侵犯任何人合法权益的前提下，调动了远比他实际拥有的多得多的资金。

或许在有些人看来，巴纳特的做法多少有些投机。但不可否认的是，正是这种善于利用时间差、善于抢时间的做法，为他赚取了巨大的财富。在任何时候，时间对于犹太人都是不可放弃的有限资本。

犹太人特别注重把这种观念传授给孩子，他们希望孩子从小就懂得把握时间，于是培养孩子"立即行动"的习惯，树立起管理时间的意识，这样孩子长大后才会取得事业上的成功。

如果你只是等待，发生的事情只会
使你变老。

——犹太箴言

规划时间，人生才会赢得成功

"唉，作业又没有完成。""唉，周末的活动没法参加了。""我真
后悔，这么长时间以来还是没能把心中的愿望实现。"之所以发出这
样的叹息，是因为大多数人没有规划好自己的时间。

规划好时间是非常重要的，一天的时间如果不好好规划，就会在
不知不觉中白白浪费，长期如此终究会一无所成。很多人埋怨自己没
有成功的事业，其实是他们自己不知道如何利用、安排和设计时间。
然而，"合理安排时间"被犹太人视为黄金定律。

鲍伯是一位商人，他来到巴西准备与一家飞机制造公司签约。由于
鲍伯不了解巴西的习惯，他发现这里的汽车很少，于是他只能提前15分

钟坐上巴士前往,可是半路上巴士司机下车后就不知去向了。这下可把鲍伯急坏了,因为这家公司的总裁要乘飞机去印度考察,前天吃饭时已经跟自己约好了,让鲍伯在9点前赶到,否则这笔1亿多美元的生意就泡汤了。

鲍伯几次想下去找这个巴士司机,可又不知去向,只好坐在车上等。大约20分钟后,巴士司机才慢悠悠地出现,边走边吃着最后一口三明治,他向乘客说了句"谢谢大家等我",才开车上路。等鲍伯赶到这家公司时,公司里的人说:"老板实在没时间等你,就急着赶飞机走了,他说等他回来再说吧!"

一个星期后,鲍伯再一次来到这家公司时,公司总裁早已跟别的公司签了约。最终这单生意还是黄了,鲍伯实在感到无奈和愤慨,但这都无济于事了。

可见,时间的规划是非常重要的。犹太人在规划时间方面做得很到位,他们守时、准时和省时。在行动之前,他们往往会先规划自己的时间,从不轻易浪费时间,从而尽可能地提高工作速度。1964年,美国麻省理工学院对近3000名犹太人做了如何用时的研究,发现了一个共同点,那就是犹太人都能做到精于安排时间,使时间的浪费降到最低限度。

时间是不能逆转、不能贮存、不能再生的,没有足够的时间就难以成功。因此,犹太人认为:"一切节约归根到底都是时间的节约。"他们根据实践经验,总结出了时间规划的几个要点,并教导孩子遵循。

首先是善于集中时间，切忌平均分配时间。犹太人认为，无论在工作上还是学习上，都要把自己有限的时间集中在处理最重要的事情上，这样才能有效地利用时间。

　　其次是善于把握时间。做生意必须善于审时度势，捕捉时机，把握关键，恰到火候，这样才能赢得时机。学习上也需要充分利用每分每秒，在有限的时间里学习更多的知识。

　　最后，规划时间还要做到不浪费自己的时间，不占用他人的时间，以及善于利用零散的时间。尤其是孩子在学习方面，父母要教导孩子珍惜并充分利用零散时间，从而最大限度地提高学习效率。

谢绝会客不是对他人的不尊重，而
是对时间的珍视。

——犹太箴言

浪费他人的时间是一种不尊重

　　犹太人认为，最不该浪费的东西就是时间。尤其是对于他人的时间，更不可以随便占用和浪费，这既是对别人的尊重，也是对时间的充分利用。犹太人经常告诉孩子，"谢绝会客"不是对他人的不尊重，而是对时间的珍视，预约是对他人最起码的尊重。

　　日本某著名百货公司宣传部的一位年轻职员，来到纽约市进行市场调查。他认为自己应该更有效地利用空暇的时间，于是就直接跑到纽约某个著名犹太商人的百货店，贸然叩开了该公司宣传部办公室的大门，向值班小姐说明来意。

　　值班小姐问："先生，您事先预约了吗？"这位青年微微一愣，但马上滔滔不绝地说："我是日本某百货店的职员，这次来纽约考察，因为我对工作特别热心，特意利用空闲时间，来拜访贵公司的宣传部主任。"

"对不起，先生！我没有查到您的预约记录，请回吧！"小姐打断了他的话。就这样，这位职员被拒于冰冷的大门之外。

这位职员利用闲暇时间主动地访问同行，但为什么会遭到犹太人的拒绝呢？因为在犹太人看来，没有预约的会面就是在浪费时间，即便可能有所收获，但那也是一个概率事件。

或许很多人认为，犹太人这样做显得没有礼貌。但是犹太人有自己的看法，他们认为，如果你没有预约就来拜访或是没在规定的时间内赶到，你已经没有礼貌了。虽然你和我客套，却没有给我带来任何好处，浪费了我赚钱的时间，那你就更没礼貌了。

犹太人认为，遵守时间既是对别人的尊重，也是对自己的尊重。父母应该告诉孩子尊重别人的时间，比如和朋友约好几点见面，那就一定要准时赴约。如果是周日上午10点见面，结果一方10点以后迟迟不来，这样的做法是没有信誉的，甚至会失去朋友。

另一方面，让别人等待就意味着浪费别人的时间。在上课期间，如果一个孩子不专心听讲，老师就需要停下来花几分钟的时间来训斥他，那就等于这个不认真听课的孩子浪费了全班同学的时间。父母需要告诉孩子这些道理，让孩子意识到这一点的重要性。

不浪费他人的时间，是犹太人尊重他人的态度，也是他们的道德标准。所以，犹太人务实，他们不会对特殊的人予以优待，以显示自己的真诚。这一点非常值得我们学习。

行动的天敌常常是人们的拖延，而
能够停止拖延的最好办法就是马上付诸
行动。

——犹太箴言

今日事今日毕的习惯，是孩子一生的财富

犹太人做任何事情都讲究效率，他们不喜欢拖延，从来不把今天的事留到明天，他们时刻谨记"今日事，今日毕"。这种强烈的时间观念，让犹太人的时间不至于白白浪费掉，他们认定必须要完成的事情，就会竭尽全力地去完成，并且总是致力于做到最好。

在犹太人的办公桌上，你很难看见"未决"的文件。因为在犹太人看来，每一份文件都有可能是极其重要的，一旦错过就会造成重大的影响，积压文件的做法是不可取的。

比如，商业往来的信件、商业函件等，它可能是提供商业信息，或是请求商业往来，抑或是有关商品交易等。每个信件都可能包含着一

个商机，如果不及时处理，很可能会失去合作的机会。犹太人很清楚这点，所以他们对自己手中的文件都极其重视。

在犹太人的上班时间里，专门安排了处理文件的时间。他们一般是把上班后大约一个小时的时间称为"第克替特"时间，即处理文件的时间。在这段时间里，一般是不会让外人打扰的。

一旦有人打扰，速度和效率就会受到影响。所以，在这段时间内，即使有重大事情的来访者，也无法与主人会面。对犹太人来说，"现在是第克替特时间"是大家都认可的一句话。

所以，在上班后的第一个小时里，犹太人一般不会去打扰别人。因为即使去了也会自讨没趣。只有等到"第克替特"时间过后，他们处理完文件了才会与你会面，从这个时候开始他们才正式进入上班时间。

犹太人是非常注重"第克替特"时间的。他们认为，拖延工作是最可耻的事。犹太人不管做什么事，尤其是在处理自己的生意问题时，绝不把问题留到第二天，而是按照每天的计划办事。

所以，犹太人在教育孩子的时候坚定地认为：播撒一个行为，就会收获一个习惯；播种一个习惯，就会收获一种品格；播种一种品格，就会收获一个命运。并非每个孩子从小就有良好的天赋，但是可以通过后天的培养，使他们养成良好的习惯，从而受益一生。

许多孩子都有做事拖沓的习惯，他们常常会因为贪玩而误了作业。其实，孩子养成这样的习惯对他的未来是相当不利的，习惯在很大程度上可以影响孩子做事的效率和风格。因此，父母要让孩子养成"今日事，今日毕"的良好习惯，这会成为他一生的财富。

一切节约归根到底都是时间的节约。

——犹太箴言

教孩子学会利用零散时间

时间对于每一个人都是公平的，人之所以会有高低之分，与对时间的利用有着一定的关系。每个人除了工作和学习的时间外，还有很多的零散时间容易被浪费。时间既不能逆转，也不能贮存，是一种一去不复返的稀缺资源。所以，犹太人非常注重对零散时间的利用。

卢拉是一位犹太记者，在未来的两天时间里，他要采访托马斯先生。按照惯例，这两天除了准备采访不会去干其他事情。

然而，卢拉却不一样。他用完早餐提前半小时到了会客室，并利用等待的时间修正了采访纲要；在托马斯临时起身出去的时候，他联系好了下一个采访对象；在托马斯休息的时候，他整理采访材料。

当采访结束的时候，卢拉便能将完整的稿件交到总编手上，而其他记者需要用一天的时间才能写完稿件。由此，卢拉是报社里工作效率最高的一个，这也是老板器重他的原因之一。

卢拉说："因为我懂得将很多零散的时间利用起来，所以，我工作起来比其他人要快得多。"后来，他在研究成功人士的时候发现，能够利用零散时间，也是这些人共同的特点。

犹太人办事效率高与其注重利用零散时间是息息相关的，他们非常善于利用一些"非正规"的时间去做一些事。比如，在等客人的时候预约下一个客户，下班回家的途中看书等。在犹太人看来，一个会利用零散时间的人，就是懂得爱惜生命、创造价值的人，这样的人成功是必然的。下面有这样一个小故事：

在火车上，一个年轻的小伙子一直在不停地写东西。坐在他旁边的中年男人凑过去看了看，原来小伙子在给客户写短笺。

中年男人开口说道："小伙子，我看见你在这两个小时里，一直在给客户写信。你是一个出色的业务员！"

小伙子抬头微笑地看着中年男人，说："是的，如果不是出差在火车上，现在正是我的上班时间，是我应该做这些事情的时候。"

中年男人对小伙子的敬业精神很是感动，于是对他说："我想聘请你到我公司来做事，尽管我知道你的老板肯定会很重视你，但是我提供给你的待遇绝对不会比他差。"中年男子充满期待地看着年轻人。

年轻人笑了笑说："我就是老板。"

故事无疑向我们证实了，善于利用时间的人是很容易成功的。犹太父母教育孩子，要想提高学习效率，就应该学会管理时间，不让每一分每一秒白白浪费掉。如果能像故事中的年轻人一样，充分利用好零散的时间，那么你也会成为一位年轻有为的成功人士。

　　作为父母，要让孩子明白真正有志于成功的人是善于利用时间的。很多时候，我们并不能连续地利用一大段时间，因为时间被分割成了零散的小段，它就像不起眼的水珠，10秒、30秒、60秒……如果你不珍惜，它就会悄悄地从指间流逝了。

　　所以，任何时候，我们都要教育孩子充分地利用好零散时间，这样才能更好地把握整个人生的时光。当孩子在这些零散的时间里做了别人没有做的事情，那么，日积月累、积少成多，他一定会大有收获的。

第三章

崇尚知识：智慧永远比黄金更贵重

犹太民族被称为"书的民族"，在犹太家庭里，孩子稍微懂事了，母亲便会翻开《圣经》，滴一点蜂蜜在上面，然后让孩子去亲吻《圣经》上的蜂蜜。崇尚智慧、重视智慧是犹太人教给孩子的基本道理。

这世上有三样东西是别人抢不走的：一是吃进胃里的食物，二是藏在心中的梦想，三是读进大脑的书。

——犹太箴言

让孩子从小和书籍交朋友

　　犹太民族被称为"书的民族"，他们从小就培养孩子爱书、爱阅读的习惯。在犹太人看来，书代表着智慧。任何东西都有可能失去，唯独智慧可以长存。

　　因此，在犹太家庭里，孩子稍微懂事了，母亲便会翻开《圣经》，滴一点蜂蜜在上面，然后让孩子去亲吻《圣经》上的蜂蜜。这样做的目的是为了告诉孩子：书本是甜的。

　　其实，这种仪式不仅在犹太家庭里举行，在孩子第一次进教室上课时也会举行类似的仪式。孩子刚入学时需要穿新衣，由教士或有学问的人带入教室。然后，每个孩子会得到一块干净的石板，石板上有用蜂蜜写成的希伯来字母和简单的《圣经》文字，孩子们要一边诵读字母，一边舔掉石板上的蜂蜜。可见，犹太人从小就注重培养孩子对学习的虔诚态度。

另外，犹太人不仅从小就知道书本是甜的，而且极其爱书。他们有一个很好的传统，就是书橱一定要放在床头，而不能放在床尾。这样做一是为了方便阅读，二是对书充满敬畏。犹太民族还是一个不禁书的民族，即使是一本攻击与侮辱犹太人的书，他们也可以自由传阅。这样的学识态度使得犹太民族真正成为"书的民族"。

联合国教科文组织在1988年做了一项调查：在以色列，全国大学图书馆与公共开放的图书馆有1000多所，以450万人口计算，平均每4500人便拥有一所独立的图书馆，有借书证的公民达到20%，14岁以上的公民平均每月要读一本书。以色列每年人均读书与人均图书馆比例位于世界第一。可见，读书在以色列的盛行。

犹太人之所以如此教育孩子爱书，是因为他们知道书中充满了智慧，有智慧的人一定会得到上帝的恩赐。有这样一个故事：

一个以色列男孩对书很感兴趣，每当有空就拿起书读得如痴如醉。后来，敌军进攻了他所居住的城市，他不幸被俘，并被关进了监狱。

有一天，恺撒大帝来监狱视察。视察期间，恺撒大帝想看看监狱里的藏书。他随手拿起一本《创世纪》，却怎么也看不懂。他想：这可能是一本犹太人的书。于是问道："这里有人能读懂这本书吗？"

"有。"男孩回答道。

恺撒大帝把书递给他，男孩开始读起来，从"起初，上帝创造天地"一直读到"这就是天国的历史"。恺撒大帝见男孩竟能读懂书中的内容，于是说道："这显然是上帝让我把他送回到他的父母身边。"后来，男孩真的被释放了。

犹太父母经常把这个故事讲给孩子们听，是想告诉他们，只要多读书就会得到上帝的恩赐。如果能读更多的书，一定会得到更多的奖赏，也一定会拥有更大的幸福。

当然，犹太父母不仅给孩子灌输爱书的观念，还体现在实际行动中。在孩子很小的时候，犹太父母就会扮演"读书人"的角色，他们每天晚上都会给孩子读一些童话故事、名人传记、科学常识等。

当孩子具备一定的阅读能力后，犹太父母又会成为孩子的"伴读"，跟孩子一起阅读文学名著、科学论文、随笔杂谈等，而且在阅读期间，父母还会时常鼓励孩子并进行细心的指点。

等孩子完全具备阅读能力时，犹太父母为了满足孩子的读书欲望与好奇心，便经常跑到书店购书或者时常带孩子出入不同的图书馆。犹太父母就像辛勤的园丁，在不同时期，将知识、兴趣和爱好无私地输送到孩子的身上，让孩子成为一个有智慧的人。

犹太人对学问的追求是永无止境的，因为他们认为，人只有不断地读书才能开阔眼界、增长知识。作为父母，就要像犹太人一样，让孩子从小就和书交上朋友，养成爱读书的习惯，这将使孩子受益一生。

房子失火时，只需把智慧带走

犹太民族是一个非常崇尚智慧的民族，他们认为，智慧是世界上
最强大的力量，学习的知识必须转化为智慧才有意义。所以，犹太父
母非常注重对孩子智慧的培养，从小就给他们讲有关智慧的故事，希
望他们树立崇尚智慧的精神。

乌纳是一个5岁的犹太小女孩。有一天，乌纳的妈妈对正在看漫画
书的乌纳说："乌纳，妈妈问你一个问题，你来回答一下。"

"好啊，妈妈，是什么问题呀？"

"是这样的，如果有一天我们家中不幸着火了，你在逃命的时候会
带走什么东西呢？"

"当然是钱或者金子了，因为它们最珍贵。"乌纳肯定地回答道。

"不对，你再好好想想。"妈妈一边摇头一边说。

"那我就带走漫画书，因为妈妈说过书籍很宝贵，要爱惜图书。"乌纳回答道。

"乌纳，你再想想，有一种宝贝它既没有形状，又没有颜色和气味，你知道这个东西是什么吗？"

"对不起，妈妈，我不知道。"

"没关系，妈妈想要告诉你，如果家中失火，你要带走的是智慧，因为智慧是烧不掉的，而且它能永远地陪伴着你，明白了吗？"妈妈郑重其事地说。

"嗯，明白了，我要带走智慧，因为智慧谁也抢不走。"乌纳点头道。

几乎所有的犹太父母都会问孩子这样的问题。在孩子很小的时候，犹太父母就会给他们灌输"有智慧的人是幸福的""学者的地位比国王高"等思想，而且当一个孩子从书本上学习了许多知识，并且开始懂得一个真正有智慧的人应该谦虚时，犹太人会称他为"赫里姆"，意思是"能使用智慧的人"。

除了重视智慧外，犹太父母还教育孩子获取智慧的方法。比如，从小教育孩子要热爱图书，通过勤奋读书来获取知识与智慧，培养孩子独立学习的能力以及让孩子利用多种渠道来获取知识等。作为父母，我们可以学习犹太父母以下的做法：

1. 帮助孩子搜集和筛选资料

孩子每天必须抽出一定的时间根据学习目标搜集学习资料，这些资料可以是图书、报纸、影碟等。同时，在搜集资料的过程中，父母要帮助孩子合理地筛选、确定要精读的资料，再下功夫将其读通、读懂、读透。

2. 让孩子多与他人交流

父母要鼓励孩子多与身边有着共同兴趣爱好的朋友交流，以便从他人那里学习到更多的知识。如果别人推荐了好的书目，还要让孩子有重点地去阅读。

3. 给予孩子更多获取知识的渠道

书本并不是获得知识与智慧的唯一方法，除了勤奋读书之外，每天还要多关注电视、广播以及网络上的知识与信息，这样孩子的视野才会更宽广。

不得不说，犹太民族是一个了不起的民族，其伟大之处不仅仅在于他们拥有着无与伦比的智慧，更重要的是经过几千年的锤炼，他们的智慧教育得到了世人的认可。因此，崇尚智慧、重视智慧也是我们应该教给孩子的基本道理。

在教育的园圃里，没有早结果实的树，也没有晚结果实的树，只有不断开启智慧和思想的树。

——犹太箴言

学习是孩子一生的课题

犹太民族，是一个生命力顽强的伟大族群，从众多的苦难中一次又一次地挺起。靠的是什么？有一点是可以肯定的，那就是全民族孜孜不倦的学习精神。对犹太人而言，知识是最可靠的财富，是唯一可以随身携带、终身享用不尽的资产。所以，犹太父母常教育孩子要无时无刻地学习，把学习当作一生的事情。

从前，有一个基督教徒想在街上雇一辆马车。他环顾四周，正好发现不远处有一排犹太人的马车。走近的时候，他看见马正在吃草，却找不到车夫。于是，他就问在路边玩耍的小孩："车夫去哪儿了？"小孩回答说："在车夫俱乐部吧！"

基督教徒听后，就往街道深处的车夫俱乐部走去。刚进去的一刻，看见狭窄的屋子里面，车夫们正在读书。基督教徒被这样的景象震惊了，在他看来，车夫是少有读书的，但这的确是传统犹太人的真实写照。

可见，精明的犹太人，非常善于把握时间学习。大多数犹太商人看起来像学者，风度儒雅，身上透着一股书卷气，这与他们经常学习是息息相关的。数千年来四处漂泊的特殊经历，让犹太人对学习和知识的重要性的认识远远超过其他民族，他们很早就将之上升到"资本""资产"的高度，把知识比作"抢不掉而又可以随身带走的资产"。

所以，在日常生活中，犹太人非常重视教育孩子凡事都要考虑投入与产出，帮孩子树立珍惜时间、善于利用零散时间的观念。他们从来不认为半小时是微不足道的一段时间。一个人如果认识到学习的重要性，看到自己的水平不高，感到时间紧迫，就会自觉地去利用零散时间。犹太人从小就把学习知识、钻研学问当作毕生的追求，久而久之，这便成了犹太民族的一个传统。

纽特·阿克塞波就是一个把学习作为一生追求的最好例子。青年时期的纽特·阿克塞波非常渴望学习语言、历史以及阅读各种名家作品。当他刚从欧洲来到美国北达科他州定居的时候，他白天在一家磨坊干活，晚上回来还要读几个小时的书。

后来，在64岁的时候，纽特·阿克塞波在山上修造了一间小屋，过着自在的生活。闲暇时，他会去公立图书馆借许多书回来看，一天凌晨三点，当他读完一本小说时，他做出了一个去上大学的决定。他一辈子爱学习，他想现在他有的是时间，为什么不去上大学呢？

为了参加大学的入学考试，纽特·阿克塞波每天会读许多书，有几门学科他已经有把握，但拉丁文和数学还有点困难。他又发奋学习，后来终于做好了入学考试的一切准备。于是，他买了一张去康涅狄格州纽黑文的火车票，直奔耶鲁大学参加入学考试，最终以优异的成绩考入了耶鲁大学。

任何时候学习都不晚，正如我们常说的"活到老，学到老"。犹太父母教育孩子要把生活看成无限延伸的、漫长的道路，只有坚持学习，不断努力地向前走，才不会在中途迷失方向。因此，我们在教育孩子时，更重要的是培养孩子对学习的热情，让孩子认识到学习是一件长久的事，只有每天坚持，才能不落后于人。

学识及能力，都像是价值最昂贵的
怀表。

——犹太箴言

勤奋好学是获取智慧的钥匙

犹太商人享誉全球，他们被认为是最懂经商之道的民族之一，他们的富有令人咋舌。有人说："世界的钱在美国人的口袋里，而美国人的钱却在犹太人的口袋里。"犹太人在整个世界占有财富的比例远远高于其占有世界人口的比例。在犹太人眼里，这一切都是知识和智慧带来的。

犹太人相信，非凡的成就来自他们获得的智慧，这种智慧是千百年来犹太民族在受苦受难的过程中形成的。不管犹太人身处何方，也不管身份高低，他们每天必做的一件事就是学习。或许不是每个犹太人都拥有巨额财富，但孜孜以求的好学精神却真实地体现在每一个犹太人身上。所以，在世界的各个领域，犹太人都占据着重要地位。

获得智慧，是犹太人一生的追求。他们认为智慧与空气一样重要，能令人焕发出活力，并笃信智慧可以创造一切财富。所以，犹太父母经常教育自己的孩子要勤奋好学，通过汲取知识成为一个智慧的人。在日常生活中，犹太父母还会通过讲故事让孩子懂得智慧的重要性。

有一位年轻人很想获得智慧，于是去向一位智者请教。年轻人问："我怎样才能成为一个有智慧的人呢？"

智者领着年轻人来到湖边，说道："请随我一起来。"然后智者毫不犹豫地跨进湖里，向湖的深处走去。年轻人不知道智者为什么这样做，只好跟随在智者后面。

湖水渐渐深起来，水浸没到年轻人的脖子，智者依旧往前走。直到水浸没了年轻人的头顶。过了一会儿，智者才默默地转回身，与年轻人一起回到了岸边。

上岸后，智者问年轻人："潜入水下时，你有什么感觉？除了想上岸之外，还考虑过别的事吗？"年轻人答道："我只想得到空气。"

智者训谕道："正是如此啊！想求得智慧，就要像沉入水下时想得到空气的感觉一样强烈。"

犹太人把智慧比喻为空气，是想教导年轻人要像呼吸空气一样去拼命争取智慧。然而，获得智慧并不是一件容易的事情，唯一的办法就是勤奋好学。只有不断地学习各方面的新知识，开阔自己的视野，才能更有效地获得智慧。聪明可能是与生俱来的，但如果后天不努力也会变得平庸，勤奋好学是每一个孩子都需要具备的品质。

　　少年希勒尔是一位犹太人，他对知识非常渴望。但由于家里很穷，他并不能像其他人一样走进教室学习。因此，他只能拼命工作，将挣来的钱送给学校守门人，这样他就可以进入学校听课了。

　　后来，他连一块面包都吃不上了，再也没有钱给守门人，也无法进去听课了。于是，他只好悄悄地爬上教室楼顶，趴在天窗上听课。冬季的一天，天气晴朗，可教室里却很阴暗，后来学生们才发现，是希勒尔趴在天窗上，已经被冻僵了。

　　希勒尔对知识的渴望以及追求，是需要教给孩子的。犹太人追求知识、肯于学习和善于学习的精神令人震撼。任何时候，我们都要意识到学习是民族立身的根本，拥有智慧是孩子未来生存的有力武器。教育孩子勤奋学习是每一位父母的责任和义务。

物质财富随时都有可能失去，但知识和智慧永远在自己的脑袋里。只要你拥有知识和智慧，就不怕没有财富。

——犹太箴言

智慧重于门第

　　智慧是内在的，谁也夺不走，而门第出身是外在之物，不过是贴在自己身上的标签而已。犹太人认为，一个人值得骄傲的是自己的智慧而不是出身。在他们看来，家庭的好坏不在于贫穷或是富贵，而在于是否拥有知识和智慧。犹太父母从小就会灌输给孩子智慧重于门第的思想，他们经常给孩子讲下面这个故事：

　　有一艘船在海上航行，船上有好几位大富翁和一位贫穷的拉比。富翁在聊天中，彼此炫耀自己的财富，争得不可开交。此时，拉比也加入了聊天中，他说："要论财富，还是我最富有，只是现在我还无法证明这一点。"

后来，在航行的途中，他们遇到了一群海盗，富翁们的财富被洗劫一空，每个人都身无分文。因为遭到了抢劫，没有足够的物资使船继续航行，于是他们不得不在一个小岛的港口停泊。船上的人下船后，只好各自谋生去了。拉比因为拥有智慧而被人们器重，成了岛上的一名教师。而那些富翁们却朝不保夕，艰难度日。

后来，富翁们由衷地对拉比说："还是你说的话对，拥有财富的人会因为一时失去而一无所有，而拥有智慧的人会永远富有。拥有智慧就意味着拥有了一切。"

犹太父母希望通过这个故事告诉孩子拥有智慧的重要性。他们非常重视学问，但与智慧比起来，只有学问还不够，还要将学问转化为智慧，才能创造出更多的财富。他们不希望孩子只是一个"背着很多书本的驴子"，而是一个充满智慧的人。而且，他们还让孩子时刻明白，一个人的智慧永远比门第重要得多。有这样一则小故事：

有两个犹太人，一个是处处以自己的家世为荣的青年，另一个则是一贫如洗的牧羊人。家世显赫的青年人夸耀完自己的祖先之后，牧羊人说："原来你是伟大祖先的后裔啊！不过，你要知道，我极有可能就是我们家族的祖先，而我的家族一定会像你的祖先一样的。"

可见，金钱和事业上的成功，对于"家"的荣誉并不是很重要的因素。犹太人经常对孩子说："我们不能选择家庭出身，也没有必要在乎这些，因为它不能代表我们的实力。我们应该做的是努力学习，掌握知识，并最终成为一个有智慧的人。"

事实上，犹太人在人际交往中也很少有趋炎附势的举动，即便出身高贵的人也不是轻易就能攫取社会地位或是获得其他特殊优待的，人们依旧要依靠智慧和勤劳获得应有的地位。个人智慧重于门第出身是犹太人处世的重要理念，它激励了许多出身低贱的人去积极进取，也体现了社会公平竞争的原则。

犹太人经受过没有家园、四处流浪的苦难，没有生存和发展的权利保障。他们所到之处，唯一的支撑就是自己头脑中的知识，用知识创造财富，再用财富为自己争得一条求生的道路、一方生存发展的空间。作为父母，我们不仅要教育孩子勤奋学习，还要教育孩子将学到的知识转化为智慧。只有做一个有智慧的人，才能在社会上有立足之地。

一个人要是没有知识，那他还能有什么呢？一个人一旦拥有知识，那他还能缺什么呢？

——犹太箴言

拥有智慧比拥有金钱重要

犹太人非常重视学问，同时也把赚钱看作一种生存的手段。他们认为，学问和赚钱的关系如同鱼和水一样是分不开的。犹太人教育孩子要用智慧来赚钱，因此，犹太人生意的成功往往是智慧的体现，智慧让犹太人的生意越做越大。

当然，智慧并不仅仅指拥有很多知识，如果只是一个"背着很多书本的驴子"，派不上用场也等于零。所以，犹太人认为，知识是为磨炼智慧而存在的，他们极其重视教育孩子做一个以智取胜、有智慧的人。

多年以前，在奥斯维辛集中营里，一个犹太人对他的儿子说："现在，我们唯一的财富就是智慧，当别人说1+1等于2的时候，你应该想到它也可以大于2。"

1974年，美国政府为清理翻新自由女神像而扔下的一大堆废料，向社会广泛招标，但几个月过去了，都没人应标。当时正在法国旅行的这对父子听到这个消息后，立刻终止休假，飞往纽约。在看过自由女神像下堆积如山的铜块、铅丝和木料后，他们毫不迟疑，当即与政府部门签下了协议。

纽约的许多运输公司对他们的这一举动都暗自发笑，因为在纽约，垃圾的处理有严格的规定，弄不好就会受到环保组织的起诉。他们的许多同行也认为废料回收吃力不讨好，能回收的资源价值十分有限，都觉得他们此举实在愚蠢至极。

在很多人都等着看他们的笑话时，他们已经开始组织工人对废料进行分类加工。他们让人把废铜熔化，然后做成一些小的自由女神像，把废铅、废铝做成纽约广场图案的钥匙，他们甚至把从自由女神像上扫下的灰尘也包装起来，出售给那些花店。结果在不到3个月的时间里，他们就将那堆废料变成350万美金，每磅铜的价格竟然翻了1万倍。

这就是智慧的作用。其中的奥妙在于，当别人只知道1加1等于2的时候，拥有智慧的人却明白1加1也能大于2。犹太人尤其明白这一点，他们知道世界上许多东西可以失而复得，唯有智慧才是人生的无价之宝。因为智慧可以提升，可以创造，可以化无为有、化不利为有利，乃至可以最大限度地改变一个人甚至千万人的命运。

难怪世界著名军事家拿破仑会说："在部队里，勇敢的将军固然重要，但是善于动脑筋思考的将军更重要，士兵更需要一个有智慧的将军。"其实，战场如此，商场亦如此。它们的共同点，一是残酷无情，二是智者的游戏。

犹太人作为商界的先驱，他们深知智慧的力量。所以，他们将智慧看得比金钱更重要。这种观念在犹太人很小的时候就被灌输，犹太人坚信从小学习的智慧是人生中最宝贵的财富，带着它前行，人生之路会走得更加顺畅。

把书本当作你的好友，把书架当作你的庭院，你应该为书本的美丽而骄傲！采其果实，摘其花朵。

——犹太箴言

培养孩子爱读书的习惯

犹太人的聪明和智慧是得到全世界公认的，历史上的许多伟人，如马克思、爱因斯坦、弗洛伊德、卓别林等都是犹太人。其实，犹太人的聪明和他们爱读书是有一定关系的。每个犹太父母都会教育自己的孩子爱书，因为他们知道读书是使大脑充满智慧的最好办法。

在犹太人看来，书浓缩了一个人的一生，孩子小时候就从安徒生、格林童话里认识了人性的善与恶、是与非。可以说，书让孩子富有智慧且富有灵性，它把无数的智慧和美好对比着愚昧和丑陋一起呈现给孩子，让孩子在书的世界里流连，在书的世界中陶醉，在书的世界里慢慢地成长起来。

虽然读书的人生活不一定富裕，但他肯定是精神富翁。往往精神上的愉悦，要比物质来得重要。读书，可以净化孩子的灵魂，是升华孩子人格的一个非常重要的途径。对于成长中的孩子而言，主要任务就是读书。凡是读书多的孩子，其视野必然开阔，其精神必然充实，其志向必然高远，其追求必然执着。

书可以教会孩子很多道理，每个父母应该让自己的孩子从爱读书开始学习。那么，作为父母，我们应该怎样让孩子爱上读书呢？我们来看看犹太人是怎么做的吧！

犹太人认为，喊破嗓子不如做出样子，身教的力量是最神奇的。要想让孩子爱读书，父母要营造一个爱读书的环境，家长首先得用自己的行动来影响孩子。孩子刚会读书时，我们可以给他举行一个隆重的读书动员大会，比如将自己几年来看过的书搬出来给孩子看，激起孩子强烈的读书欲望和激情。

另外，进行"伴读"是父母必做的功课，比如与孩子一起读一些童话传说、科技常识、名人故事、科幻小说等，也可以读文学名著、随笔杂谈、哲学书籍等，让伴读无时不在，既可以充实自己，同时也让孩子的思维想象更活跃，知识面更广，从而让孩子形成良好的阅读习惯。父母应该像园丁嫁接花木，把知识、爱好和兴趣无私地嫁接到孩子的身上，这是每个父母的天职。

当然了，父母在培养孩子爱读书的同时，也要注意一些事项。

首先，孩子年龄小，父母给孩子看的文章篇幅不要过长，因为孩子的注意力只能集中一小段时间。书中最好有较大的插图，文字少，这样的书孩子会比较喜欢。孩子读书时，要尽可能地把气氛搞得轻松愉悦，让他们从中体会到更多的乐趣。

其次，孩子想读书的时候，父母应该挑一些孩子熟悉、喜爱又能"读"的书，即使他读不懂书里的词汇，但通过不断地阅读，他也能慢慢领会书中的意思。另外，父母还应该教导孩子爱惜书籍，保持书的整洁、美观，不在书上乱涂乱画。

　　总之，作为父母，我们要用行动说话，比如每天晚上全家一起阅读一些孩子喜爱的书籍，或每周都带孩子去一次博物馆、图书馆或历史遗迹馆参观，让孩子在参观中学到知识等。就如一位哲人说的那样："书浓缩了人的一生。"父母的责任就是让孩子爱上读书，让智慧永远跟随着他。

一个成功的学者要手脑并用，并且通过熟读和记忆来引发思考。

——犹太箴言

读101遍就比读100遍好

记忆对一个人来说是非常重要的，对于成长阶段的孩子来说尤其如此。没有记忆，人们的思考就失去了前提，记忆是人类智力活动的仓库，在智力发展最重要的幼儿时期，如何培养孩子的记忆关系着孩子未来的学习。

苏联心理学家维果斯基认为，学前儿童心理活动的各个方面以记忆占有优势地位，记忆处于意识的中心。如果没有记忆能力，幼儿就要不断地去重新认识那些已经见过的事物，这样的话他们不可能获得任何知识和生活经验。有了记忆，先后的经验才能联系起来。所以说，幼儿记忆的发展对今后的学习有直接的影响。

音乐家拉赫玛尼诺夫有着非凡的记忆力，长期以来，人们一直为此而惊叹。

有一天，另一位著名音乐家到拉赫玛尼诺夫的老师家里做客，演奏了他刚刚写好的一部任何人都没有听过的交响曲。

拉赫玛尼诺夫的老师和他开了个玩笑——把自己的学生事先藏在卧室里，当这位著名的音乐家演奏完他的交响曲之后，老师就把拉赫玛尼诺夫领出来，让他坐到钢琴面前，把这支交响曲完整地演奏了一遍。

那位音乐家听后百思不得其解："这的确是我头一次演奏这首曲子啊！这个音乐学院的学生是从哪儿知道我的作品的？"

记忆是学习知识的前提，好的记忆力有助于更快地掌握知识。在古希伯来，背诵和记忆是他们最通用的教学方法。

犹太人认为，读101遍要比读100遍好。在学者当中，最值得夸耀的事是能一字不差地背诵完《圣经》。

希伯来拉比说："一个成功的学者要手脑并用，并且通过熟读和记忆来引发思考。"

在古希伯来的学校里，学生开始从学习古代律法转向了解民族衰败和兴旺的各种问题。教师们常常要求学生先熟背内容，然后再逐句、逐段地讲解，其目的就是要让学生一点不落地掌握圣典的内容。此外，古希伯来人还主张勤于思考。当犹太学生背下了所学的内容之后，教师常常引导学生提出各种问题，然后进行讨论，从而加深对所学知识的印象。

犹太人认为，学习离不开记忆，既需要机械记忆也需要意义记忆。孩子由于知识经验少，缺乏对事物内在联系的认识。年龄小的孩子多是抓住事物的外部联系去机械记忆，而小学阶段的孩子在记忆某篇文章或某些事情时，不再逐字逐句地原文照背，他们已经能在理解的基础上记忆了。

所以，对于孩子的学习而言，意义记忆的效果会更好。不过，机械记忆也是必不可少的。

说到记忆，我们不得不说它的"天敌"——遗忘。我们让孩子记忆、背诵的目的就是为了永远不忘。

有人做过实验，测试人在学习半个月以后的遗忘情况，结果显示：大学生对物理知识忘了85％，中学生对生物知识忘了60％，小学生对地理知识忘了55％。

虽然如此，犹太人依旧教育孩子，遗忘并不可怕，关键在于怎么去认识遗忘。

1. 正确对待遗忘

遗忘是生活的常规，只要不超过一定的范围，是很正常的。遗忘对一个人的认识起着过滤的作用，滤去那些不重要、不符合社会和个人需要的东西，保存下来的才是对个人很重要的东西。不要认为只要能记住就是好事，有时记忆中有大量我们完全不需要的琐事，如果不遗忘的话，就会拖累记忆，影响记忆的效果。

2. 要与遗忘做斗争

学习中很多知识是我们不希望遗忘的，为了避免遗忘，最主要的方法就是复习。通过复习加强识记，就能减少遗忘。

总的来说，人的潜能是无限的，很多犹太人记忆超群，这与他们日复一日的训练有关。因此，犹太父母的做法是值得我们借鉴的。我们在教育孩子掌握知识时，必须将机械记忆与意义记忆结合起来，这样才能提高学习效率，取得学习的最佳效果。

第四章
独立意识：犹太子女的生存法则

在犹太人看来，生存要有两个条件：一是能够自己养活自己，二是能够自己保护自己。所以，犹太人在孩子很小的时候就针对这两个方面进行培养，使他们早早地拥有独立生存的能力，为孩子以后的生活打下良好的基础。

学会自立，就会使自己自强不息；
学会独立，就会使自己走向希望，走向
成功。

——《诺未门》

父母学会放手，才是对孩子真正的爱

在犹太民族的历史中，犹太人的生活大多处于动荡时期。然而，正是在这种逆境下，他们认识到了独立意识的重要性。犹太父母认为，生存能力是孩子面对未来社会的最可靠资本。

如今，大多数孩子都在父母的庇护下生活，孩子的自理能力、独立学习和处理事情的能力都比较差。对此，犹太人认为，父母需要提前为孩子独立生存做好准备，及早培养孩子独立生存的能力。

洛克菲勒家族经历了几个世纪依然繁盛，这是为什么呢？在专家看来，这与洛克菲勒家族对子女的教育息息相关。因为洛克菲勒家族特别注重培养孩子的独立生存能力，要求代代自主、自立、自强，这样保证了旺盛的家族里不出败家子弟。

有一天，洛克菲勒把儿子抱上一张桌子，鼓励他跳下来，儿子以为爸爸会保护他，就放心地往下跳，谁知往下跳的时候，父亲却走开了，他摔得很重，在地上哇哇大哭起来。这时，洛克菲勒严肃地对儿子说："孩子，不要哭了，以后要记住，凡事都要靠自己，不要指望别人，有时连爸爸都靠不住，从现在就开始学着独立吧。"

洛克菲勒家族中的孩子，从小就不准乱花钱，每个孩子只可以支配少量的零花钱，即使这样也是要记账的。为了培养聪慧、勤勉、坚强的下一代，洛克菲勒家族在教育孩子时尽量地藏起一半爱，让孩子从小学会独立。当然，洛克菲勒家族这种特殊的教育方式，并不是丢失了另外一半爱，而是爱得更深沉、更科学。

在有些人看来，这样做未免有些残忍。可是有些人则认为很正常和合情合理，因为这样重复几次后，孩子就不再依赖大人，慢慢走向独立。犹太人认为，在教育孩子的过程中，要从小重视培养孩子的独立性，提高孩子独立自主的意识和能力，使孩子成为一个有作为的人。

首先，父母要尊重并培养孩子的独立自主意识。1岁的孩子就有了独立自主意识的萌芽，他们喜欢亲自动手、自己搬小凳子走路、自己拿小勺吃饭等。等到稍大一些的时候，他们就开始独立地洗手洗脸、穿衣服、脱衣服等。对于孩子成长的独立意识，父母一定要予以重视，并支持、鼓励孩子。

其次，父母要懂得学会放手。犹太人思想家朱特比曾说："让孩子学会自己的事情自己解决，如果父母过分地呵护孩子，反而会使孩子失去自信心。这样的孩子长大以后不容易建立独立的人格，更不可能有出色的成就。"可见，适当地放手对孩子来说是非常有益的。

最后，让孩子自己做出决定。自己献策是独立性和自主性发展的一个非常重要的方面，父母要从小培养孩子自己决策的能力。对于孩子的事，比如怎么玩、穿什么衣服，父母不应该多加干涉，而应该让孩子自己去思考，自己去解决。

总之，培养孩子独立的人格非常重要，因为具有独立人格的孩子，才能以自己的价值取向及思维方式去决策未来，而不是随波逐流。

未来世界人们接受审判的时候，他要回答这样的问题：你对事物的思考深刻吗？

——犹太箴言

培养独立思考的能力比获得结果更重要

真理总是掌握在少数人的手里，就如诺贝尔奖只有少数人能够获得一样。究其原因，主要是因为大多数人都循着常规思考问题，这又怎能有所突破呢？虽然道理大家都知道，但独立思考并不是一件容易的事，对于犹太人来讲，这却是他们的长处。

"希伯来"一词，在犹太人的语言中，原义是指"站在对岸"，也就是站在隔一条河的地方，或是与别人不同的地方。犹太人认为，每一个人都要找到这么一个地方才能立足于社会。这种理念使犹太人拥有独立思考的能力，也成了犹太人获取智慧和财富的法宝。犹太父母经常通过下面这个故事告诉孩子要学会独立思考。

教士问："有两个犹太人从高大的烟囱里掉下去，一个满身脏，一个很干净，谁会去洗澡呢？"

年轻人说："当然是满身脏的人。"

教士说："你错了！满身脏的人看着很干净的人想：我身上一定也是干净的；很干净的人看着满身脏的人想：我身上一定也是脏的。所以，是很干净的人会去洗澡！"

教士接着问："两个人后来又掉进高大的烟囱里，谁会去洗澡呢？"

年轻人说："当然是那个很干净的人。"

教士说："你又错了！很干净的人在洗澡时，发现自己并不脏；而那个满身脏的人则相反。他明白了那位干净的人为什么要洗澡，所以这次他跑去洗了。"

教士再问："两个人第三次从烟囱里掉下去，谁又会去洗澡呢？"

年轻人说："当然还是那个脏的人。"

教士说："你又错了！你见过两个人从同一个烟囱掉下去，其中一个干净，一个脏的吗？"

这就是犹太父母的教育方式，鼓励孩子独立思考，让孩子融会贯通地发表自己的见解。犹太父母认为，培养孩子独立思考的能力比获得结果更重要。纵观犹太人的历史，可以发现许多伟人都是善于独立思考的人。他们能从司空见惯的现象中发现问题，并大胆地追求，直至有所建树。

德国物理学家普朗克在攻克热力学研究的难题——黑体辐射问题的

过程中，遭遇了多次失败。他的老师劝他说："物理学是一门已完成了的科学，继续研究是不会有多大成果的。"

普朗克内心非常敬重老师，但他还是坚持自己的想法，也不甘心受"终止"观点的束缚。他认为，物理学远没有完成，于是继续研究，终于在1900年发表了能用量子概念导出黑体辐射的公式的论文。

可见，独立思考才会取得成就。当然了，独立思考并不是为了标新立异，也不是为了哗众取宠，而是为了形成独特的思想体系和在平凡中发现并解决问题。如果一个人总是附和他人，没有独立思考的能力，那么他的一生注定是平庸的。

人的思考能力是自己唯一能完全控制的东西，没有正确的思考，就不会有正确的行动。但人的智慧是不会从天上掉下来的，是需要经过严格的训练和培养的，而独立思考是其中最为有效的途径之一。

因此，父母要认识到学会独立思考和独立判断比获得结果更重要。在教育孩子的过程中，应当把发展独立思考和判断的能力放在首位，而不应把获得专业知识放在首位。如果你的孩子独立思考的能力差，那就要想办法提高他的这种意识和能力。因为只有会独立思考，才能将不懂的东西弄懂，增加学识，增长知识，开启智慧之门。

人要学会走路，也要学会摔跤，而且只有经过摔跤，他才能学会走路。

——马克思

独立做事是孩子成长的关键

犹太父母认为："不独立做事的孩子，永远长不大。"因此，他们尽最大努力不让孩子产生依赖性，他们告诉孩子，自己的事情一定要自己做，一切都要靠自己。哪怕孩子完成得不够好，但终归是孩子自己的劳动成果。犹太人相信："只有在一次次的困难、失败之后，才能换来以后的完善。"

在犹太人看来，如果孩子凡事都依赖别人，那他的一生终将与贫穷和低声下气为伴。而具备一定能力和地位的孩子，他们与家人的沟通才会变得更容易，才能更好地适应周围的环境变化。作为父母，需要放手让孩子去做自己的事情，从小培养孩子的自主能力。

有一个小男孩，在他还不到周岁时，妈妈就牵着他的小手，带他到附近的公园去玩。广场上有很多阶梯，他对此很感兴趣，要自己往上爬。

由于身体有些胖，他还不能掌握身体的平衡，就只能使尽全部的力气用他的小手往上爬，妈妈只是在一旁看着，并没有抱他上去的意思。

爬到第二个台阶的时候，他看到阶梯很高，感觉很害怕，就扭回头去看妈妈。这时，妈妈也没有伸手要扶他的意思，只是眼睛里充满了慈爱和鼓励。

小男孩又抬头向上看了看，继续手脚并用地小心向上爬，他放弃了让妈妈抱的想法。他爬得很吃力，小屁股翘得老高，小手也脏兮兮的，努力了一阵子，他终于爬了上去。

妈妈这才迎了过去，上前拍了拍儿子身上的脏土，在他那通红的小脸蛋上亲了一口，然后抱住了勇敢的儿子。这个小男孩就是林肯，而这位妈妈就是林肯的母亲南希·汉克斯女士。

不得不说，从小培养孩子的独立意识是非常重要的，这也是犹太人一直践行的。事实证明，父母过度地保护孩子，不仅很难让孩子继续培养独立的能力，甚至会让他们慢慢失去已有的独立能力。而放手让孩子去做一些事情，不但能够证明孩子的成长，也能够建立孩子的自信心。

心理学研究认为，童年时期是孩子世界观、人生观、价值观的萌芽阶段，孩子在3岁之前就能初步借助语言来支配自己的行动，出现独立行动的意愿。所以，对于父母而言，需要有意识地培养孩子独立的能力。只有把培养孩子的独立性作为其健康发展的重要目标之一，才能培养孩子良好的生活习惯。

如今，一个缺乏独立性的孩子，是很难适应社会的。孩子长大后需要面对的是急剧的社会变化、快速的科学发展，他们需要具备独立思考、判断和解决问题的能力，否则将难以生存，而这一切离不开父母对爱的释放。

犹太人认为，这个世界上所有的爱都以聚合为最终目的，只有一种爱是以分离为目的的，那就是父母对孩子的爱。的确，每一个孩子都与父母血脉相连，都在父母的庇护下成长。但要让孩子独立，就必须将孩子分离出去，让他尽早地学会面对一切。

尽早放手就是对爱的释放，这样的爱才是真正有利于孩子的，这一点非常值得我们学习。想取得教育的成功，就必须有超越世俗成见的慧眼，父母向后退一步，为孩子多创造挺身而出、探索外界信息的机会，让他们以自己的速度前行，尽管会慢一些，却能茁壮成长。

如果总是依赖别人，那么一生将始终与贫穷和低声下气为伴。孩子有了自己的能力和地位后，才更能适应周围环境的变化。

——犹太箴言

独立不只是口号，更要付诸行动

犹太人身上有一种可贵的行动意识，他们做任何事情不是停留在理论上，而是付诸行动。培养孩子的独立性也是一样的，犹太父母会用各种方法"逼迫"孩子独立。比如在犹太家庭里，孩子的零花钱都需要通过劳动才能得到，这样做的目的就是锻炼孩子的独立性。

每个犹太孩子从小都要接受父母的独立教育，也就是从小教育孩子要学会独立，做任何事情要靠自己。犹太父母认为，只有从小并长时间地接受这种独立教育，孩子的独立意识才会加强。

珍妮是一个5岁的犹太小女孩，爸爸一直教育她要相信自己，自己的事情要尽量自己做。

有一次，她在游乐场门口等待买票的爸爸，这时她发现自己的鞋带开了，于是弯腰费力地系鞋带。一位叔叔看到珍妮的动作不是很熟练，就上前打算帮忙："小姑娘，你的鞋带好长啊！叔叔来帮你，好吗？"

珍妮抬头看了一眼，然后礼貌地说道："谢谢您的帮助，但是您知道我多大了吗？"

叔叔听后愣了一下，然后微笑着说："我不知道你多大，可是我知道你还很小。"

"哦，不，我已经不小了，我都5岁了，我相信自己能系好。"说着珍妮系好鞋带，站了起来。

叔叔看到这一幕，不由得对珍妮竖起大拇指，说道："叔叔看到了，你确实已经长大了，你真棒！"珍妮听后开心地笑了起来。

5岁的珍妮能自己系鞋带，这与爸爸的教育是分不开的。在现实生活中，大多数父母都知道这样的道理，却仅仅停留在理论教育阶段，孩子也是浅尝辄止，并不能付诸行动。比如给孩子买衣服、洗衣服等一切包办，等到要孩子自己做的时候就变得十分困难。

那么，如何培养孩子的独立性呢？犹太父母的做法值得我们学习。

1. 犹太父母爱孩子，但不溺爱孩子

他们给孩子的爱是有原则、有尺度的。倘若孩子的行为违背了原则，跨越了尺度，那么犹太父母绝不手软，一定会严厉地进行批评教育，这样做的目的是让孩子有原则地独立生活，让孩子真正成为独立的个体。

2. 犹太父母不插手孩子的事

如果想培养一个很独立的孩子，就需要为孩子提供一个独立做事的环境，改掉插手的毛病。比如，在孩子面前，犹太父母绝不会说"宝贝，我来帮你吧"或"如果你有什么需要，就叫我来做"之类的话，这些包办的话带来的直接影响就是让孩子产生依赖性。

3. 犹太父母教孩子独立的生活技能

生活技能是孩子得以独立生活的前提，犹太父母让孩子从小就参加家务劳动，以此锻炼孩子的独立生活能力。即使有时教会孩子一项生活技能远比自己去做这项家务劳累得多，犹太父母仍然会坚持到底。因为他们明白，只有让孩子学会了这些生活技能，他们才能真正离开父母，更好地适应未来的生活。

4. 犹太父母注重孩子在家庭中的角色

心理学认为，让孩子担任一定的角色可以使孩子的性格向这个角色靠近。比如任命一个班里的差生为班级委员，一个学期后，他在自尊心、活动能力、协调性、责任心方面都有改善。这说明孩子性格的形成与环境有很大关系。父母让孩子担任一定的家庭角色会激发孩子勇于承担责任的意识。

总之，独立可以让孩子面对困难时不妥协，无所畏惧地勇往直前；独立可以让孩子学会担当，奋力走向希望，走向成功。父母们一定要领悟独立的真谛，用心地去培养孩子，让孩子早日成为一个独立的人。

学校的目标应当是培养有独立行动
和独立思考的个人，不过他们要把为社
会服务看作自己人生的最高目的。

——爱因斯坦

实践是提升独立意识的有效方法

独立意识，是孩子在成长过程中应该具备的才能。犹太人认为，要想让孩子更加独立，父母应该试着让孩子多参加社会实践，比如志愿活动，因为孩子的独立能力能在各种志愿活动中得到锻炼和体现。对父母来说，志愿活动无疑是可以用来锻炼孩子独立意识的最好的实践方式之一。

安妮是一个温文有礼、兴趣广泛的孩子，不仅在学生会担任职务，还是学校羽毛球队的队长。她除了在学校的学习和活动外，还经常在小镇的超市里打工。

一天，安妮站在收银台边，正忙着帮客人把买好的东西一件一件地装进购物袋。一位正在购物的朋友跟安妮打了个招呼，问安妮："暑假有什么计划吗？忙了一年，是不是利用暑假外出度假呢？"

安妮兴奋地告诉朋友："今年暑假我要参加一个志愿者活动，去非洲的一个小镇，帮助照看当地的战争孤儿。为了筹集资金，在接下来的几个周日，我会来超市帮人装购物袋，周六则在农夫市场出售自己烤的蛋糕和饼干。"

朋友关心地问："你父母同意吗？"安妮笑着说："他们为我的想法感到骄傲，非常支持我。不过，他们要我自己筹集去非洲一个月所需的全部费用。"

从这里我们可以看出，安妮父母对孩子独立性培养的重视。其实，在犹太家庭里，像安妮父母这样的做法十分普遍。在犹太孩子很小的时候，父母就经常带他们去当地的博物馆、图书馆、体育运动组织等做义工，以此让孩子尽早地学会独立。

在犹太父母看来，做志愿者不但给孩子提供了认识社会、丰富生活经验、学习处理复杂的人际关系的机会，更重要的是让孩子早早地学会了独立。此外，还能培养孩子的综合能力，这对孩子未来的发展有极大的帮助。

首先，孩子的沟通能力增强。孩子参与志愿活动，面对的是一个完全陌生的环境。在志愿活动中，他们与人进行沟通，协调同伴之间的工作，大家朝着同一个方向共同努力。这样，孩子的沟通能力就在锻炼中得到了提高。所以，日常生活中，父母应该给予孩子更多这样的机会，让孩子懂得如何与陌生人沟通，如何关爱他人。

其次，孩子的责任意识增强。进行义务工作，是不求回报的，孩子所做的工作是帮助一些需要照顾的人。对于孩子来说，他的责任意识就表现在对工作的态度上。义务工作的胜利完成，能激发孩子的自豪感和责任感。所以，父母放手让孩子参与社会活动，对孩子的责任意识会有很大的提高。

总之，在犹太父母看来，孩子越早地接触社会对孩子的未来越有利，这样培养了他的独立性，才能让他在未来的人生中独当一面。作为父母，放手让孩子去锻炼吧，这样他们才会拥有一个美好的明天。

人的眼睛是由黑白两部分组成的，
但是为什么只让透过黑暗的部分看东西？
因为人必须透过黑暗，才能看到光明。

——犹太箴言

任何时候都不要放弃希望

犹太人能在苦难的历史中如此顽强，在于他们的信念："只要不断地保持希望的灯火，就不怕忍受黑暗。"黑暗过去就是光明，这是他们存活下来的希望。所以，再恶劣的环境，犹太人都不会绝望。只要还有一丝希望，他们就会忍耐着生存下去。

在犹太人的意识里，永远充满了痛苦的观念和深深的忧患，因此犹太父母对孩子苦难意识的教育十分重视，他们经常给孩子讲这样一个真实的故事：

德国纳粹占领东欧的时候，对犹太人监控得非常严格。在一个小镇上，有个犹太家庭，一家五口躲在一间仓库的小阁楼上。

每当纳粹巡逻队或不怀好意的市民走进仓库，他们全家人都得屏声敛气，一点声音都不敢发出来。时间一长，他们学会了比手画脚，完全以动作来交换思想，传达感情。

为了生存，父母和叔叔要轮流外出寻找食物和水。三个月后的一天，母亲外出觅食未归，关心他们的市民说："你们的母亲被德国兵抓住了。"过了两个月，父亲又一去不返。半年后，叔叔刚出门不久，两个孩子就听到了一声枪响。

三个大人相继死后，寻找食物的重担就落在了姐姐的肩上。每当仓库附近有风吹草动，姐姐就掩住弟弟的嘴巴。姐弟俩相依为命。一个多月后姐姐也没有回来。从此以后，凡听到异样声响，弟弟只有自己掩住嘴巴。最后，弟弟终于幸存了下来。

黑暗是漫长的，但总有迎来光明的一天，就像每经历一场暴风雨，天边就会出现美丽的彩虹一样。犹太小男孩得以幸存，是因为经过了几个月的黑暗，犹太父母希望通过这样一个故事来告诉孩子，任何时候都不要放弃希望，熬过黑暗，就会见到光明。

犹太人的这种精神，造就了众多的犹太商人，很多犹太富翁都是由赤贫发家的。比如，投资家乔治·索罗斯从匈牙利到美国时还一文不名，英特尔总裁安迪·格鲁夫是从匈牙利空手移民过来的，罗斯柴尔德也是在父母很早过世、身无分文的情况下起步的。犹太人中大部分成功人士都是白手起家的，而且都经历了诸多磨难。但他们都隐忍不发，为以后的崛起蓄养了巨大的力量。

可见，忍耐是成功的一种品质。面对曲折的道路，要想成功就必须善于处理前进中的障碍，具备坚韧不拔的品性。犹太人贝弗里奇说："人们最好的工作往往是在处于逆境的情况下做出的。思想上的压力，甚至肉体上的痛苦都可能成为精神上的兴奋剂。"犹太父母告诉孩子，要把逆境当成动力，激励自己顽强地奋斗。

犹太人告诫孩子，挫折是在所难免的，重要的不是如何避免挫折，而是要在挫折面前采取积极进取的态度。挫折并不可怕，可怕的是因为挫折而失望，放弃追求。因此，聪明的做法应当是审视自己所受的挫折甚至失败，使挫折成为成功的阶梯。

在孩子面对挫折的时候，父母最好做一个"旁观者"。对于孩子来说，遭遇挫折是一件好事，只有经过失败、伤痛，站起来的才会是强者。在孩子面对困境的时候，父母要狠狠心，试着做一位"旁观者"，慢慢地磨炼孩子的意志。

有位哲人曾说过："有10个烦恼比有1个烦恼好得多。"因为有10个烦恼的人不会再惧怕烦恼，而拥有1个烦恼的人会觉得整天都很烦恼，这就是犹太人的人生观。他们认为，人生是痛苦的，没有经历过痛苦的人生是不存在的。所以，父母要教育孩子以乐观的心态去面对人生，坚信黑暗也会化为光明。

依赖就像一根绳索，将你悬挂在半
空中，只有勇敢地剪断这根绳索，才能
跌落到坚实的大地上，依靠自己行走。

——犹太箴言

让孩子明白依赖是一种束缚

　　有句话说得好："种下一个行为，收获一个习惯。"好的习惯是
孩子前进道路上的路标，而坏的习惯则是孩子成长的绊脚石。比如，
孩子的依赖性就是从小需要改变的习惯，犹太人认为："依赖就像一
根绳索，将你悬挂在半空，只有勇敢地剪断这根绳索，才能跌落到坚
实的大地上，依靠自己行走。"因此，他们非常注重对孩子依赖性的
教育。

　　在以色列的小学课本中有这样一个故事：

　　有一位登山者决心登上世界第一高峰。在经过多年的准备之后，他
开始了他的旅程。由于他希望自己独得全部的荣耀，所以他决定独自出

发。当他开始向上攀爬的时候，时间已经有些晚了。然而，他并没有停下来露营，而是继续向上攀登，直到黑暗真正降临。

山上的夜晚显得格外黑暗，到处是黑漆漆的一片，能见度几乎为零。即使如此，这位登山者仍然继续向上攀爬着。就在离山顶只剩下几步的地方，他滑倒了，并迅速地跌了下去。跌落的过程中，他感受着快速向下坠落的恐惧感。在不断地下坠中，他的一生，不论好与坏，也一幕幕地显现在他的脑海中。

当他一心一意地想着，此刻死亡是如何快速地接近自己的时候，突然间，他感到系在腰间的绳子，重重地拉住了他。他整个人被吊在半空中，而那根绳子是唯一拉住他的东西。

在这种上不着天、下不着地、求助无门的境况中，他一点办法也没有，只好大声呼叫："上帝啊！救救我。"

突然间，天上有个低沉的声音回答他说："你要我做什么？"

"上帝！救救我。"

"你真的相信我可以救你吗？"

"我当然相信！"

"那就把系在你腰间的绳子割断。"

在短暂的寂静之后，登山者决定继续全力抓住那根救命的绳子。

第二天，搜救队找到了他的遗体，他的尸体挂在一根绳子上，已经冻得僵硬。他的手紧紧地抓着那根绳子，在距离地面仅仅1米的地方。

登山者由于过度依赖绳子，思想被束缚，最终无法放弃心中的那根"救命稻草"，因而失去了逃脱困境的机会。因此，从某种程度上说，依赖就是一种束缚，让你无法鼓足勇气去迎接和挑战困难。所以，作为父母，要告诉孩子自己的事情自己做，千万不能有依赖别人的心理。

那么，父母该如何来做呢？

1. 做"懒"家长，不要包办代替

你"懒"了，孩子就相对勤快了；做"狠心"家长，不溺爱孩子。如果父母总是让孩子由着性子去做事，那么他就很容易任性、撒娇、自私；如果孩子的要求不合理，就一定要对他说"不"，坚持原则，哭不是武器。

2. 教给孩子安全、生活常识，对孩子大胆放手，不过分保护

父母不敢让孩子去体验，大多是怕有危险，希望孩子平安，但逃避不能帮助孩子真正成长；帮助孩子发现自己的能力，完成任务后要及时鼓励。

3. 消除孩子的依赖心理，是父母家庭教育中的重要一环

父母对孩子的教育除了知识和技能外，更重要的是注重孩子独立性的培养。有了自立能力的人，才懂得独立思考，才具有创造精神，才能做出与众不同的事情。放手让孩子做一些力所能及的事情，养成自己的事情自己做的好习惯，让孩子主动发展，是从更长远、更本质上爱孩子。

第五章

性格教育：完美人格比智商更重要

犹太人认为，性格决定一个人的命运，当孩子认为自己一无所有时，就会变得自暴自弃，那便是父母对孩子教育的失败和家长的悲哀。所以，犹太父母特别重视对孩子的性格进行良性改造，让他们从小就具备良好的性格。

自信心是人一生发展的支柱，没有
了它，人便失去了赖以生存的基础。因
为缺乏自信的人没有发展各项技能的积
极性，自然也就不会获得任何成就。

——犹太箴言

摆脱自卑，做一个自信的人

　　孩子的成长是一个不断学习知识和技能的过程，当他们无法取得优异的成绩或是经受失败的时候就会产生挫折感，长期受挫折而得不到改变，孩子就会变得自卑起来。自卑就像一个无形的杀手，扼杀孩子的才能，甚至对孩子的成长和发展造成不可估量的消极影响。

　　那么，怎样消除孩子的自卑呢？这就需要父母培养孩子的自信，自信是一剂良药，它能让孩子的内心变得强大。犹太人经常告诉孩子，当你穷途末路，希望人来救你的时候，你能依靠的就是自己。只要充满自信地去面对一切，艰难困苦终究会被克服。

　　有一个小男孩想做一件自己喜欢的事，可是他失败了一次又一次，最后心灰意冷，希望能得到别人的帮助，但是没有人愿意帮他。于是他只好暗自祈求上帝："上帝啊，为什么我总是失败呢？现在也只有你能帮助我了。"

上帝被小男孩的诚意感动了，于是夜里给他托梦道："孩子，我会帮你的。"

"上帝，你能现身吗？我真的很想见见你，哪怕只让我看你一分钟也可以。"小男孩哀求道。

"好吧，我明天会出现的，但是以化身出现。明天早上起来，你第一眼看见的就是我。"

小男孩抱着希望，第二天早早就起床了，当他洗刷完毕，看见镜子里的自己，顿时明白了："原来上帝就是我，我就是上帝。"

一个人对自己没有信心，是做事半途而废的根源，这就是小男孩会失败的原因。而拥有自信则能充分地调动人的潜力，使人保持最佳状态。很多成功人士身上就有这种超凡的自信心，正是这种自信心支持着他们积极应对各种挑战，不向任何困难低头。

所以，自信心对孩子的成长起着至关重要的作用，从某种程度上，它比智力、知识更为重要。如果父母能鼓励孩子始终以自信的心态去面对学习与生活，那么孩子将会取得不可估量的成就。那么，父母应该如何让孩子自信起来呢？

1. 开启孩子自信的"窗户"

孩子在某一方面比较突出，证明孩子并不笨，那为什么不能在其他方面也有所进步呢？所以，父母要密切关注孩子各个方面的点滴进步，及时给予表扬和鼓励，并指出进一步提高的路径和方法。进步不可能是一帆风顺的，父母要宽容地看待孩子的反复和倒退，更多地注意孩子发展的总趋势。

2. 父母对孩子要多鼓励，少批评

孩子需要父母的肯定和表扬，对于自卑的孩子，赞赏就如一缕缕阳光，能照亮其心灵的每一个角落。相反，父母若一味地苛求孩子，经常批评、责备孩子，则会使孩子变得更加无所适从，唯唯诺诺，不敢与人交往，甚至封闭自己，用一种退缩的方式来保护自己受伤的心灵。

总之，要想让孩子将来有所作为，就必须培养他们的自信心，在孩子遇到困难时，鼓励他们独立克服困难，培养孩子坚韧不拔的性格，让孩子在经历的无数次失败中品尝到成功的甜蜜，让他们认识到自信才是他们真正的精神支柱。

开朗的性格不但可以使自己经常保持心情愉快，而且可以感染你周围的人们，使他们也觉得人生充满和谐与光明。

——犹太箴言

培养孩子积极乐观的精神

有位犹太哲人曾说："如果你折断了一条腿，你就应该感谢上帝不曾折断你的两条腿；如果你折断了两条腿，你就应该感谢上帝不曾折断你的脖子。"可见，乐观是犹太民族生存的精神支柱，更是他们自强不息的表现。

然而，乐观并不是时刻都能保持的。许多人在认识自己的时候过于消极，往往看到的只是一大堆缺点。虽然能够认识到缺点是可贵的，但是如果一味地消极，无论是事业还是学习都很难获得成功。所以，犹太人教育孩子正确地认识自己，用一种积极的心态面对所有问题。

有这样一则故事：

有三只青蛙不小心掉进了一个盛着鲜奶的木桶里，第一只青蛙想，这是上帝的旨意。于是，它干脆缩起后腿一动不动，闭上眼睛，等待着死亡降临，结果它窒息而死。

第二只青蛙想，木桶这么结实，无论怎样努力都无济于事，我根本没有机会出去，还不如认命！于是它沉入桶底，很快就被淹死了。

第三只青蛙想，我不能放弃，只要我腿上还有一点力气，我就要不停地游动起来。忽然，它的腿碰到一些硬硬的东西，于是用力一跳，最终跳出了木桶。原来，它不停地游动使鲜奶被搅成了奶酪。

可见，我们任何时候都要怀有乐观的精神，第三只青蛙正是由于具有乐观精神，才免遭劫难。因此，父母要教育孩子，人生会有很多的不幸和痛苦，决定幸福的并不是我们处于什么样的处境，而是自己的心态。只要保持乐观，就能勇敢地去面对任何困难。

很多时候，通向成功的路就像一座独木桥，失败的原因往往不是能力不足、力量薄弱，而是悲观的心态，站在桥头不敢迈步。而唯有保持积极乐观的心态，才能战胜恐惧，成功地通过独木桥。

犹太人如此积极乐观的人生态度是从小培养起来的。当犹太父母发现自己正在成为孩子消极态度的"榜样"时，会先从自己做起，用不同的角度看人生，多看积极的一面。犹太父母认为，培养孩子积极的人生态度不仅会让他们生活得更快乐，而且更健康。

另外，犹太父母认为，乐观和悲观的人尽管有部分是基因的差别，但更主要的还是要让孩子从小学习某种态度和观念。父母只有让孩子用自我欣赏、感激的目光看待这个世界，孩子才会感到快乐，意志力才会更坚强。

上帝夺走了我们的一切，剩下的只
有我们自己。

——《诺未门》

拥有坚强，孩子才能更独立

犹太民族的坚强是令人敬佩的，在他们的历史中，顽强的精神是
他们生存的希望。所以，犹太人非常重视"坚强教育"。他们认为，
人的一生难免会遇到挫折，遭受苦难。唯一的应对办法就是把苦难看
作人生的一位良师，它能教会我们用积极的态度、感激的心情对待一
切问题，培养坚强的意志。

如今的孩子生活在一个物质充裕的年代，优越的生活条件已经使
他们不知道什么是贫穷与艰难。很多父母的通病就是过分溺爱自己的
孩子，把他们当作"皇帝"伺候着。过分溺爱孩子的后果是使孩子变
得懒惰、脆弱、娇气、依赖性强、不思进取……这是一个非常严峻的
问题，值得每个家庭重视。

或许有些人认为，想让孩子有所作为，不一定非要孩子去吃苦，去经历艰难。这种认识是不合理的，也是不科学的。苦难能增强孩子的意志，父母应该理性地去对待孩子，给孩子一个适合发展的环境，让孩子有足够的意志去面对复杂而竞争激烈的社会。

以色列有一所很有特色的"鲸鱼学校"，学校主要的课程就是让孩子们乘上帆船，在一年之内两次横渡大西洋，游遍三个岛。目的就是锻炼孩子们的坚强意志和独立能力。

出游期间，每个孩子必须经受风浪的考验，忍受饥饿的威胁。除了必须学会驾船、捕鱼、做饭外，还要完成考察、读书、讨论等课程。

另外，孩子们还要熟悉当地的风土人情，并与当地人打交道。经过这样一番磨炼，孩子们大都锻炼成了智勇双全的人。

这种做法是值得我们借鉴的，甚至有些国家的父母为了锻炼孩子，每逢冬天，都会让孩子光着身子在冰雪中摸爬滚打一定的时间。寒风凛冽，孩子冻得浑身发抖，但父母还是会狠下心来，决不会提前抱起孩子。他们明白，只有让孩子经受了这样的考验，才能使他们更加坚强。

心理学家指出，坚强的性格有利于调动人的主动性、积极性和强化脑细胞的活动，使智力活动呈现积极的状态，从而使人在学习和工作中产生高效率。性格坚强的人，在学习和工作中才会不断取得成功。

对于父母来说，培养孩子的坚强性格，就是要让孩子适当地吃点苦。古希腊哲学家柏拉图说："当把快乐、友谊、痛苦和憎恨都根植于儿童心灵的时候，他们对这些性质固然不明白，但一旦获得了，就会发现这些都是相和谐的。"父母应该根据自己的条件和孩子的年龄，让孩子体验受苦的生活，在他们遇到挫折时不要立即出手解决，而应该给他们更多自己处理的机会。

一个有着坚强心理素质的民族才是真正坚强的民族，犹太人就是最好的证明。在当今这个竞争激烈的社会，如何培养孩子坚强的性格已经成为摆在每一个父母面前的问题。这就要求父母要不失时机地对孩子进行一定的挫折教育和磨炼。让孩子从小具备较强的心理承受能力和坚强意志，这对孩子未来的成长意义非凡。

在别人不敢去的地方，才能找到最美的钻石。

——犹太箴言

鼓励孩子做一个勇敢的人

勇气和魄力是一个人从小应该培养的重要品质，很多成功人士就是因为有一股敢闯敢拼的精神，才在事业上远远地走在别人前面。所以，犹太父母从小就希望自己的孩子有一颗勇敢的心。当然，这也是每一位家长的愿望。

然而，有些事情往往不是想得这么简单，并不是每个孩子天生就勇敢。比如，有的孩子怕黑，有的孩子怕传说中的"妖魔鬼怪"等。因此，如果孩子显得胆小，就不要一味地迁就他，而是应该想办法让他变得勇敢起来。比如，人为地设置一些令他害怕的障碍，然后在一旁鼓励他冒险冲锋，克服障碍。

犹太小男孩泽克是一个有5年球龄的小球员，他的梦想是当一名足球裁判。10岁的时候，他终于获得了裁判资格证书。泽克的成绩得益于其父母的培养，父母经常鼓励他，在做任何事情的时候一定不能胆怯，要勇敢、大胆地坚持下去。

小泽克第一次上场当裁判的时候很紧张，但他一点都不害怕。在下半场比赛中，一个队的前锋带球快速突入另一球队的禁区，但是在一片混乱中这名前锋摔倒了。见此情况，小泽克当机立断，果断鸣笛，并判罚禁区外任意球。

场外人高马大的教练显然对泽克的判罚不满，他不顾别人的阻拦冲进足球场，对着年仅10岁的泽克大声吼叫。正当观众为泽克担心的时候，只见他毫无畏惧地向那位教练出示黄牌以示警告，并做了记录。小泽克的表现得到了父母的肯定与赞赏，也获得了观众的认同。

小泽克之所以有如此惊人的表现，是因为他有足够的信心和勇气。对于一个10岁的孩子来说，能从容淡定地处理好这样的事情是极其不容易的。因为孩子年龄小，很多东西都是未知，他们时常表现出胆小害怕的心理也是正常的。正如一位儿童心理学家曾经说的那样："儿童产生恐惧心理的原因与成年人一样，关键的问题是成年人懂得如何去应付恐惧，而孩子们却还不知道如何应付。"

所以，对于胆怯的孩子，父母要多鼓励他们，千万不要说"你这个胆小鬼""你太没用了""你也太懦弱了"之类的话。这样很容易给孩子造成心理阴影，使他更不敢向自己的懦弱和胆小挑战。所以，犹太父母特别注重锻炼孩子的胆量。

首先是寻找孩子害怕的理由。一般来说，孩子害怕是有原因的，比如父母一出去就哭闹，很可能是因为孩子害怕自己一个人在家里；见到猫狗时害怕是因为怕被咬。因此，犹太父母会非常细心地观察孩子的日常言行，找到孩子害怕的原因，然后采取相应的解决措施。

其次是做好孩子心中的榜样。父母应该在孩子面前承认自己也曾害怕过某些东西，但现在不害怕它们了，这样孩子才会明白，他并不是这世界上唯一害怕这些事物的人。让孩子从父母的身上学到，这些事物其实并不可怕，是可以被征服的，这样孩子恐惧的心理会更容易得到克服。

犹太父母的做法告诉我们，要培养出勇敢的孩子，父母要从自身做起，并经常与孩子进行沟通，了解他的真实想法，然后采取正确的措施培养孩子的独立性，让孩子成为一个真正的"勇士"。

好事可以分享，但是自己的责任一
定要自己负。

——犹太箴言

告诉孩子自己的责任自己负

　　一个拥有责任感的人，才能立足于社会，取得事业成功与家庭的
幸福，而责任感的培养需要从小做起。孩子做错事是很正常的，只要
他有一定的能力，就应当让他承担一定的责任。逃避或是放任，对孩
子都会产生不利的影响。因此，家长要教育孩子从小做一个有责任感
的人。

　　古代的犹太拉比说过："好事可以分享，但是自己的责任一定要自
己负。"在犹太人看来，不管是把事情推给别人，还是归咎于环境，
自己的责任依旧存在而不会消失。所以，犹太人从不把责任推给别
人，而是自己的事情自己承担。

　　在教育上，犹太父母更是把这种不推卸责任、敢于担当的责任

感传授给孩子。在孩子很小的时候，犹太父母就会把"一切都要靠自己"的思想灌输给他们。只要是孩子能做的事，就尽量让孩子自己去做，以此让孩子学会承担责任。

一个11岁的美国小男孩在院子里踢足球，不小心打碎了邻居家的玻璃，邻居当即要他赔偿12.5美元。可是小男孩并没有那么多钱，于是只好向父亲认错，恳求父亲的帮忙。

然而，父亲却拒绝了小男孩的请求，他对小男孩说："你是一个男子汉，自己做错的事情要自己负责。"小男孩小声地说："可是，我现在没有那么多钱。"父亲说："这笔钱我可以先借给你，但是一年之后你要还给我。"小男孩答应了父亲的要求。

之后，小男孩为了还清父亲的钱，每逢周末、节假日便外出打工，包括给人洗车、擦玻璃等。经过半年的努力，他终于赚足了12.5美元，还给了父亲。这个小男孩就是后来的美国总统罗纳德·威尔逊·里根，当他回忆这件事情的时候，这样说道："通过自己的劳动来承担过失，使我懂得了什么叫责任。"

犹太人认为，在孩子犯错或有过失的时候，是对孩子进行教育的最佳时机。这个时候，孩子感觉内疚和不安，他需要的是帮助，而不是责骂，且此时明白的道理更让他刻骨铭心。让孩子勇于承担自己的过错，并让他自己进行偿还，这才是教育孩子的正确做法。

在犹太人看来，人是不应该逃避责任的。但责任感不是天生的，需要从小培养，所以孩子犯了错，不应该责怪孩子。大多数时候我们应该归咎于家庭教育，许多父母对孩子呵护备至，却不注重对孩子责任感的培养。这一点，我们很有必要向犹太父母学习。

不逃避责任，自己的责任自己负，是犹太人的处世原则。正是这一点让他们在世界范围内，赢得了良好的声誉。对于孩子，他从小的言行举动都受到父母的影响。作为家长，应该像犹太父母那样，严格要求自己，时刻以身作则，为孩子树立一个好的榜样。

一个成功的人，一定拥有强烈的责任感，一个敢于承担责任的人也一定会取得成功。父母要从平时抓起，从点滴做起，把培养孩子的责任感放在家教的内容里面，让孩子懂得，如果自己做错了事，就应该自己负责任，从而引以为戒，不犯或少犯类似的错误。

凡过于把幸运之事归功于自己的聪明
和智谋的人，其结局多半是很不幸的。

——犹太箴言

谦和的孩子更受人欢迎

柔弱的芦苇总是随风飘荡，直到风停后才静止。这一常见的自然现象如果用于人生之中，就是一种处世智慧。生活中，犹太人非常懂得用适当示弱来处理紧张的人际关系。他们认为，人应该具有谦和的态度。

我们知道，犹太人在各个方面都表现得很出色，无论是在商业领域，还是在科技领域，犹太人都处于领先的地位。即便如此，犹太人也没有逞强的意思，他们依旧显得很谦和。因为只有这样，他们才能不骄傲，才能继续保持他们的优势。

犹太父母注重从小对孩子进行谦和教育，他们认为，谦和并不是一种示弱，并不意味着自己不行，它只是对他人的一种态度。

有一个硕士毕业的犹太女孩，在一家公司做市场部经理。她业绩突出、多才多艺，长得漂亮，却一直单身，而且在公司的人际关系很紧张。直到现在，她终于明白了为什么会这样。她经常深有感触地说："人在职场，应该懂得谦和。"

两年前的她，倚仗扎实的专业知识，经常向老板提出自己的想法和建议。在公司的联谊会上，她能歌善舞，表现非常活跃，引起了其他同事的注意。一年后，她就升职为部门经理，在工作上的表现自是没话说。

工作之余，女同事总爱谈一些穿衣化妆的话题，这个时候，她总是直言不讳地将女同事穿着的不足一一指出，并且提出建议；同事们一起去KTV的时候，她成了"麦霸"……

就在她事业有成的时候，周围的人改变了对她的看法，有人说她爱出风头，有人说她想表现自己……这时，她明显地感觉自己被孤立了。她根本就融入不了同事的圈子，看见她过来，同事们经常立刻停止交谈，这让她非常郁闷。

后来，她将自己的事告诉了一位心理医生，医生帮她分析，认为她是因为不懂得谦和才让自己的处境越来越尴尬。感悟之后，她开始收敛，表现得不再那么优秀，渐渐地又和大家打成了一片。

犹太父母总是通过这个故事告诉孩子，做人要懂得谦和，太过锋芒毕露很容易刺伤别人。他们认为，在人际交往中，学会聆听和关注他人，表现自己谦和的个性，是一种人际交往的润滑剂。谦和会让人觉得你更加值得信任，给别人留下坦诚的印象。

然而，在现实生活中，很多父母觉得孩子谦和就是吃亏。他们不希望自己的孩子以后被人欺负，所以培养他们强势的性格。其实，这样做可能适得其反。犹太父母认为，培养谦和的品格与孩子最后赢得成功并不会发生冲突。

犹太人认为，硬币有正面和反面，谦和就像是硬币中间的那一部分。尽管只有选择某一面才有价值，但是没有中间的那部分，那就没有任何价值可谈。父母应该让孩子懂得，只有谦和的人才能团结其他人，才有一定的号召力。懂得谦和的人让人信赖，至少不会让人产生敌意，而这往往可以赢得更多的机会。

不过，父母需要明白的是，培养一个懂得谦和的孩子，并不是让孩子事事委曲求全或牺牲自己。犹太人认为，长期、经常压抑自己的感受和需求的孩子对自己的价值估计和判断往往会比其他孩子低。所以，父母要培养的是谦和的孩子，不是委曲求全的孩子。

逆境可以试验人有多大的忍耐力，

境遇越恶劣，人就需要越强的忍耐力。

——犹太箴言

忍耐，是孩子成功的法宝

千里之行，始于足下。要想实现远大的目标，就必须具有持久的耐力。犹太人认为，做任何事情都要有忍耐力，没有忍耐力是难以获得成功的。所以，犹太父母从小就用各种方法培养孩子的忍耐力。

对于容易冲动的人来说，忍耐力是任何时候都需要的。它能化解危机，也可以带来机会、快乐和成功。其实，对于任何人来说，忍耐力都是非常重要的，每个父母都应该培养孩子的忍耐力。

犹太人普遍具有忍耐的品德，是因为他们从小就被父母灌输了这样的思想意识：要学会忍耐，培养自己的忍耐力。在教育自己的孩子要有忍耐力方面，犹太史上最伟大的拉比之一希雷尔堪称典范。

有两个人打赌，说好谁能让希雷尔拉比发火，就可以赢400元钱。这天刚好是安息日前夜，希雷尔正在洗头。

这时，有个人来到门前，大声喊道："希雷尔在吗？希雷尔在吗？"

希雷尔赶忙用毛巾包好头，走出门问道："孩子，你有什么事？"

"我有个问题要请教。"

"那就请讲吧，孩子。"

"为什么巴比伦人的头不是圆的？"

"你提出了一个重要的问题，原因在于他们缺乏熟练的产婆。"

那个人听完，就走了。

过了一会儿，他又来了，大声喊道："希雷尔在吗？希雷尔在吗？"

希雷尔拉比连忙又包好头，走出门来问道："孩子，你有什么事？"

"我有个问题想请教。"

"那就请讲吧，孩子。"

"为什么帕尔米拉那里的居民都烂眼睛？"

"你提出了一个重要的问题，原因在于他们生活在沙尘飞扬的地区。"

那个人听完，又走了。

……

"为什么非洲人长的都是宽脚板？"

……

那个人听完了，没走，又说道："我还有许多问题要问，但我怕惹你生气。"

希雷尔干脆把身上都裹好了，坐下来说："有什么问题，你尽管问吧。"

"你就是那个被人称为以色列亲王的希雷尔吗？"

"不错。"

"要真是这样的话，但愿以色列不要有许多像你这样的人。"

"为什么呢？"

"因为你，我输掉了400元钱。"

希雷尔问明情况后，对他说："记住了，希雷尔是值得你为他输掉400元钱的，即使再加400元也不算多，不过希雷尔是决不会发火的。"

故事中的希雷尔并没有因为无止尽的问题而发火，而是很耐心地解答。很多时候，忍耐会让别人对你产生敬佩。当然了，忍耐是痛苦的，它压抑了人性本能的欢乐，赤裸着身躯在铺满荆棘的道路上滚爬，鲜血布满了脸也全然不顾。所以，犹太人认为，忍耐是最伟大的品质之一。

可以说，犹太人身上具有的悠久历史的忍耐力，是常人难以想象的。同时，犹太父母还经常告诉孩子：他们的忍耐也是有"度"的，有先决条件的。他们等待的是较有把握的事，否则的话，他们是不会浪费时间做无谓的等待的。

很多犹太人经常变换自己的行业，无论从事什么行业，他们事先都有一个基本的判断，如果他们对事情充满希望，充满理想，他们就会努力去达成心愿。如果看不到希望，忍耐也是多余的。我们在教育孩子的时候，也不要忘记了这一点。

> 人生当有不足，因为不完美才让人
> 有盼头、有希望。
>
> ——犹太箴言

告诉孩子不必事事都追求完美

　　犹太民族的历史是一个多难的历史，也可以说是一个不完美的历史。而犹太人却豁达地接受了人生中的不完美，他们见多和历尽了生命中的缺陷，因此更能坦然地面对不完美。其实，世上的事情不可能是完美无缺的，总会有缺陷。所以，犹太父母从小就告诉孩子做事做人不必事事完美。

　　犹太父母经常给孩子讲这样一个故事：

　　一个名叫奥里森的人总觉得自己的生活不够完美，因而希望自己能有一个完美的人生。有一天，他有幸遇到了一位女士，她告诉奥里森她能帮他实现愿望，并把他带到了一所房子前让他选择自己的命运。

奥里森谢过了她，向隔壁的房间走去。

里面的房间有两扇门，第一扇门上写着"终身的伴侣"，另一扇门上写的是"至死不变的心"。奥里森忌讳那个"死"字，于是便进了第一扇门。接着，他又看见两扇门，左边写着"美丽、年轻的姑娘"，右边则是"富有经验、成熟的妇女和寡妇"。

可想而知，左边的那扇门更能吸引奥里森。可是，他进去以后，又有两扇门，上面分别写的是"苗条、标准的身材"和"略微肥胖、体形稍有缺陷"。用不着多想，苗条的姑娘更中奥里森的意。

奥里森感到自己好像进了一个庞大的分拣器，在被不断地筛选着。接着，他看到一扇门上是"爱织毛衣、会做衣服、擅长烹调"，另一扇门上则是"爱打扑克、喜欢旅游、需要保姆"。当然，爱织毛衣的姑娘又赢得了奥里森的心。

他推开了门，岂料又有两扇门。这一次，令人高兴的是，分拣器把各位候选人的内在品质也都分了类。两扇门分别介绍了她们的精神修养和道德状态："忠诚、多情、缺乏经验"和"天才、具有高度的智力"。

奥里森确信，自己的才能已能够应付全家的生活，于是迈进了第一个房间。房间里面，右侧的门上写着"疼爱自己的丈夫"，左侧写的是"需要丈夫随时陪伴她"。奥里森当然需要一个疼爱他的妻子。

下面的两扇门对奥里森来说是极为重要的抉择，上面分别写的是"有遗产，生活富裕，有一幢漂亮的住宅"和"凭工资吃饭"。理所当然地，奥里森选择了前者。

奥里森推开了那扇门，天啊……已经上了马路啦！一位身穿浅蓝色制服的门卫向奥里森走来。他什么话也没有说，只是彬彬有礼地递给奥里森一个玫瑰色的信封。奥里森打开一看，里面有一张纸条，上面写着："您已经挑花了眼。"

故事告诉我们，人是不完美的，如果一味地追求完美，最后可能会一无所获。所以，我们应该允许孩子的不完美，面对孩子的缺陷，我们不能总是挑剔，而应该和孩子一起慢慢接受生命中的各种不完美，换一个角度看问题。比如，孩子个子矮，但是口齿比别人伶俐；孩子成绩不够好，但是画画得很好。这样教导孩子，让他知道自己也有别人不具备的优点。一般犹太父母会从以下两个方面来教育孩子正确地认识自己的不完美：

首先，引导孩子转变心态。犹太父母认为，我们无法改变环境，更改变不了社会，我们能改变的就是自己。就好比处于青春期的孩子，如果不接受满脸痘痘的事实，总是低着头走路，又怎么能接触到温暖的阳光呢？所以，父母要改变孩子处处好胜和追求完美的心态。

其次，让孩子接受自己的不足。很多时候，理想和现实之间的差距会让孩子陷入深深的苦恼中。面对这样的孩子，犹太父母认为，应该引导孩子坦然地面对生活，接受自己的不完美。所谓上帝散布给人间的苦难与月光是均等的，每个人都难免有缺陷，正确认识自己，扬长避短，是孩子成长路上必须要学会的。

第六章
品德培养：以德服人的犹太信念

犹太人认为，成功者需要具有完美的品德，具有人格魅力的人更容易被人接纳。凡是获得巨大成就的人都是有德之人，因为高尚的品德才能让人信服。所以，犹太人在教育孩子的时候，特别注重品德教育。

人在事业上能够取得多大成就，在
很大程度上取决于品格有多么高尚。

——犹太箴言

品德决定一个人成就的高低

犹太父母除了教育孩子热爱学习、掌握知识、拥有智慧外，还总是给他们讲品德的重要性，鼓励孩子从小就要做一个品德高尚的人，要乐于助人，实事求是。

事实上，所有取得巨大成就的人无一不具有高尚的道德情怀，犹太父母总是给孩子们讲述各国成大器者高尚的道德情操。比如，闻名世界的居里夫人就非常善于培养孩子良好的品德。犹太父母也一直推崇并践行居里夫人对孩子的品德教育。

居里夫人将自己一生追求事业和高尚品德的精神，影响和延伸到自己的子女和学生身上，利用各种机会培养他们形成良好的道德品格。在丈夫皮埃尔·居里去世以后，居里夫人开始一人扛起抚养孩子的重担。

当时，她的一部分补贴投入科研，经济上十分拮据。尽管她手里有价值100万法郎的镭，却从来没有想过把它卖掉换钱。居里夫人认为，不管今后的生活如何困难，也决不能卖掉科研成果。居里夫人毅然将镭无偿献给了实验室，把它用于研究工作。

后来她带着两个女儿赴美国接受总统赠送给她的1克镭时，也同样告诫女儿："镭必须属于科学，不属于个人。"她以身作则，教导女儿从小养成勤俭朴素、不贪图荣华富贵的思想。

在第一次世界大战期间，居里夫人做出一项重大的决定：将她所获得的诺贝尔奖奖金捐给法国政府，用于战时动员。居里夫人还带着伊伦娜亲自上前线用X光机为士兵服务，并帮助检查伤病员。战争结束时，法国政府为表彰伊伦娜所做的贡献，向她颁发了一枚勋章，这对年轻的姑娘来说是巨大的荣誉，也让居里夫人得以宽慰。孩子们成长起来了，尤其是伊伦娜，战时的经历使她的思想变得更为成熟，行为变得更加高尚。

后来，居里夫人的孩子们都成为对社会有用的人才，尤其是伊伦娜夫妇，不仅继承了居里夫妇的科学事业，也继承并发扬了他们的崇高品德。1940年，他们把建造原子反应堆的专利权无偿捐赠给国家科学研究中心。

可见，美好的品德可以使一个人的成就散发出更耀眼的光辉。犹太人所推崇的居里夫人品德教育法是非常值得我们学习的，那么，居里夫人是如何教育孩子的？

首先，教育孩子热爱祖国。居里夫人除了教孩子波兰语外，还以自己致力于祖国科学发展和帮助波兰留学生的行动感染孩子。

其次，培养孩子勇敢、乐观、坚强、克服困难的品格。她常告诫两个女儿："我们必须有恒心，尤其要有自信心。"

最后，培养孩子节俭朴实的品德。她对女儿的爱，表现为一种有理智的爱，一种有节制的爱，她对女儿生活上严加管束，要求她们"俭以养志"。她教育女儿说："贫困固然不方便，但过富也不一定是好事。我们必须依靠自己的力量去谋求生活。"

所以，作为父母应该重视对孩子的品德教育，从孩子懂事的时候起，就给他们讲述从古到今的各种讴歌仁爱、友情、勇气、牺牲的故事，把孩子培养成为品德高尚的人。

不管你是十恶不赦的罪犯，还是遵纪守法的臣民，都得把孝敬父母看成自己的天职，哪怕你是落魄天涯、衣食无着的人。

——犹太箴言

孝顺长辈，永远是美德之首

我们常常讲："百善孝为先。"中国自古就讲究尽孝之道。其实，孝顺父母也是犹太人重要的一课。拉比缅·本·约哈伊说："子孙为老人冠冕，父亲是儿女的荣耀。"在一个三代同堂的犹太家庭里，中间一代力求以身作则，孝敬长辈，孩子自然就会懂得孝敬长辈。整个家庭长幼有序，而且每个人都相互关心、相互包容。这种和谐的气氛，是非常有利于身心健康的。

犹太人认为，孝顺长辈是美德之首，在他们的文化中，有很多教育孩子孝敬父母的故事，而犹太人也最擅长用故事来教导孩子。在孩子的成长过程中，无论是家长还是老师，都会以孩子能理解的方式将故事讲给孩子听，从而让孩子具有优秀的品质。平民施穆尔的故事就精辟地表达了孝顺这个道理。

施穆尔的父亲，由于年迈而手指颤抖，吃饭的时候老是把汤汁洒落在桌布上。有一天晚上，老人掉落了一只精致的茶杯，摔碎在地板上。

施穆尔说："爸爸，从现在开始，你自己在房间吃饭，这个木碗给你用。用这个你就不会摔碎了！"

第二天，施穆尔回家时，看到年纪还小的儿子坐在地板上削一块木头。于是问道："宝贝儿，你在做什么？"

"爸爸，这是给你准备的。"儿子解释道，"这样在你变老，手开始抖的时候就可以拿来在房间里吃饭了。"施穆尔听了儿子的话感到很羞愧，从此悉心地照顾父亲，一家人和睦地生活在一起。

这个故事告诉我们，孝敬父母对孩子的影响是深刻的。其实每个家长都深知孝顺的道理，也都明白孝敬长辈是一种美德，可在教育孩子时往往忽略这方面的内容。当父母过世以后，才后悔当初的行为，内疚自责，但这些都已经于事无补了。

其实，我们每个人都应该及时把握机会，在父母还在身边时好好孝顺他们。身为子女应该了解父母生活上的需要，让父母衣食住行没有匮乏，生老病痛有所依靠，给予心理上的慰藉、精神上的和乐，应该让自己的父母以儿女为荣，这是我们为人子女应尽的责任。培养孩子的孝心，必须从小抓起。

首先，犹太父母会告诉孩子孝顺是一种美德。在孩子尚小的时候，一定要让他们知道孝顺是一种传统美德，不懂得孝顺父母的孩子就不是好孩子。另外，还要让孩子知道怎样做才是孝顺。比如，让他们知道父母辛苦工作、赚钱养家是非常不容易的，要有一颗感谢父母的心，长大以后一定要回报父母。父母可以多给孩子讲一些古今故事，通过形象去理解孝顺。

其次，犹太父母还特别注重建立长幼有序的合理家庭关系。也就是说父母应该尊重孩子的独立人格，不能总是强权下命令"帮助"孩子做决策，而是要善于听取他们的意见，尽可能地按他们的意愿来处理事情。同时，在主持家事上讲究团结友爱，犹太父母不会围着一个孩子转，每个犹太孩子都很懂礼貌、很有孝心。

最后，犹太父母还特别注重为孩子创造孝敬父母的机会。比如，犹太父母常常要求孩子在父母身体不舒服或者生病时，主动照顾父母，并且要帮父母接待客人；在父母外出时，孩子应该帮父母收拾行李及提醒父母是否遗忘东西等。他们通过这些方式来培养孩子的孝心。

总之，犹太人之所以能把孝敬这个美德代代传承下去，与父母的教育是分不开的。尽管每一位犹太父母教育孩子的方法有所不同，但他们的理念是一致的。因此，我们可以借鉴犹太父母常用的这些理念与方法来培养自己孩子的孝心。

遵守约定，诚实为人，死后方能升
入天堂。

——犹太箴言

从小树立孩子的契约精神

西方传统文明中有一种契约精神，这种精神起先表述在"神人立约"的意义上。在希伯来《圣经》中，就描述了犹太人与上帝契约的关系。契约精神本质上就是一种诚信精神，它规定着利益双方在权利与义务方面的双向依存关系。正是这种契约精神，构成了"世界第一商人"的深厚社会文化土壤。

犹太人在很小的时候，就会听父母讲挪亚方舟的故事：

亚当和夏娃因偷吃禁果被赶出伊甸园，人类被打上了原罪的烙印，上帝诅咒了土地，人们不得不付出艰辛的劳动才能果腹，因此怨恨与恶念日增，暴力和罪恶简直到了无以复加的地步。只有诺亚谨遵上帝的教诲，很守本分，他的三个儿子在父亲的严格教育下也没有误入歧途。

因此，在上帝决定毁灭人类的时候，选中了诺亚一家作为新一代人类的种子保存下来。诺亚一家获救之后，为上帝修了一座祭坛。他选了各种各样洁净的鸟兽作为供品，放在祭坛上奉献给上帝。

上帝闻到了供品的香味，心想："我再也不会因人类而使大地遭到灾祸了。不论人有多少邪念，我都不会像上次那样杀死一切生灵了。"

以上这段话便是犹太人守法契约的源起。在犹太人看来，契约是他们做事的准则。他们始终笃信上帝的教诲："遵守约定，诚实为人，死后方能升入天堂。"即便是在经商过程中，他们也认识到契约守法的重要性，因为这不仅仅事关交易的胜利完成，更是赢得他人理解和支持的有效方法。

犹太人乔费尔是一位餐具经销商，美孚石油公司向他订购了3万把刀叉，要求9月1日在芝加哥交货。乔费尔接到订单后，一点也不敢怠慢，立即让厂商进行赶制。

可是，出乎意料的是，厂商的工作效率太低，按目前的进度，很有可能会导致不能按期交货。乔费尔为此很生气，但事情到了这个地步，他只能多次打电话进行催促，可是换来的只是对方满不在乎的回答："就算是迟点儿，你也不至于这么上火吧。"

由于乔费尔信守契约精神，他深思熟虑之后，不打算给美孚石油公司写信要求延期交货并表示歉意，因为这本身就有违契约，而且还是逃避责任的做法。于是，他决定花巨资租用飞机送货，5小时内把3万把刀叉装上了飞机，9月1日，这架装载刀叉的飞机按时到达了交货地点。为此，乔费尔也额外付出了6万美元。

美孚石油公司知道事情的原委后，只淡淡地说了句："按期交货，很好！"至于那昂贵的飞机租金，他们连问也没有问。

乔费尔的行为被同行认为是"疯"了。然而乔费尔的回答是："犹太人就是这样。"在他看来，做生意就应该讲究诚信，任何理由都不是延期交货的借口，即便是由于别人的原因而造成的延误。后来，因为这件事的影响，越来越多的人和乔费尔做起了生意。

可见，契约精神是犹太人在商界取得成功的重要因素。在他们的商旅生涯中，他们遭到过歧视，也遇到过无数精心安排的圈套，但犹太人遵守约定，只要他们承认了约定，就会不折不扣地按照约定去执行，犹太人这种重信守约的美德为他们赢得了极高的声誉。

从犹太人的身上，我们可以学到契约精神。更重要的是把这种精神传递给孩子，让他们从小具备诚信的优良品德，因为这不仅能使他们获得他人的好感，还是未来成就事业的重要条件。

诚实是力量的一种象征，它显示着一个人的高度自重和内心的安全感与尊严感。

——犹太箴言

诚信，是孩子未来的无形资产

在犹太人的世界观里，不论在生活中，还是在生意中，信用都是人们进行合作的前提条件，一旦没有了信用，任何交往都难以进行。尤其是在经济高速发展的今天，诚实守信成为判断一个人品格高尚的标尺之一。同时，诚信也是现代社会生活能够顺利进行、人与人交往得以继续下去的一个极其重要的基本原则。

所以，犹太父母在孩子很小的时候，就对孩子进行诚信教育，让孩子伴随诚信健康成长。当然，培养孩子诚信的品质，要求父母有长期坚持的耐心，有与时俱进的细心。父母应从小就要求孩子说真话，做错事要勇于承认自己的错误并及时改正，要做到言必信，行必果。

一天夜里，一位绅士走在回家的路上，被一个蓬头垢面的男孩拦住了，男孩乞求道："先生，请您买一包火柴吧。"绅士回答说："我不买。"说着绅士躲开男孩继续走。

　　男孩追上来说："先生，请您买一包吧，我今天还没有吃东西呢！"绅士见躲不开男孩，便说："可是我没有零钱啊。"男孩说："先生，您先拿上火柴，我去给您换零钱。"

　　说完，男孩拿着绅士给的1英镑飞快地离开了，绅士等了很久，男孩依然不见踪影，绅士无奈地回家了。

　　第二天，绅士正在自己的办公室工作，秘书说来了一个小男孩要求见绅士。于是，小男孩被叫了进来，这个小男孩比那个卖火柴的男孩矮了一些，穿着更破烂，小男孩说："先生，对不起，我的哥哥让我给您把零钱送来。"绅士问道："你的哥哥呢？"小男孩回答说："我的哥哥在换完零钱回来找你的路上被马车撞成重伤，现在正在床上躺着呢。"

　　听完小男孩的话，绅士被他们的诚信感动了。绅士说："走，我们去看你的哥哥。"家里只有男孩的继母在照顾受重伤的男孩，一见绅士，男孩连忙说："对不起，我没有给您按时把零钱退回去，失信了！"绅士被男孩的诚信深深打动了，当绅士了解到两个男孩的亲生父母都已经过世时，毅然决定把他们今后的一切都承担起来。

　　由此可见，诚信的可贵。犹太人认为，拥有诚信品质的人，会得到上帝的青睐，最终会成为最大的赢家。父母应该明白，只有当孩子的行为正直而高尚的时候，孩子所坚持的道德观念才能深入孩子的心灵，并支配孩子的思想和感情。诚信既是一种品格，也是一种素质和能力，父母应该从小对孩子进行诚信培养。

1. 形成诚信的家庭氛围

犹太父母认为，父母要做有心人，为孩子创造愉悦的诚信氛围，以感染孩子的心灵。尤其是家庭成员之间应互相信任，尽管孩子年龄较小，但是他同样可以体会到父母对他的尊重和信任。从小受到尊重、信任的孩子，会更加懂得如何尊重、信任别人和如何得到别人的信任。

2. 主动进行诚实教育

犹太父母认为，对于年龄小的孩子，父母必须把道理具体化、形象化、趣味化，这样孩子才能接受。因此，父母可以把做诚实人的道理寓于故事之中，让孩子明白什么是诚实，什么是虚假和欺骗，应该做什么，不应该做什么。

诚信不仅是犹太人的经商法则，更是犹太人的做人之本，从小培养孩子诚信的品格就等于为孩子的未来融资。一个人是否诚信，这与他后天的环境影响和教育有直接的关系，尤其是童年时期的引导和培养，是其形成诚信品质的关键。所以，父母不可忽视对孩子的诚信品德的培养。

即便是一个贤人，如果他炫耀自己的知识的话，那么他就不如一个以无知为耻的愚者。

——犹太箴言

谦虚，是孩子应有的美德

谦虚是一种美德，犹太父母从小就教育孩子要学会谦虚："即便是一个贤人，如果他炫耀自己的知识的话，那么他就不如一个以无知为耻的愚者。"由此可见，犹太人对待谦虚的态度。

在犹太人看来，炫耀不但令人讨厌，而且容易让人跌倒，唯有谦虚才能使人进步。犹太人对此深信不疑，并且严格要求自己的孩子学会谦虚。通常，犹太父母会给孩子讲述故事让孩子明白谦虚的重要性。

所罗门国王被认为是世界上最聪明的人，他能听懂所有动物的语言。一天他坐在自己王宫的门前，欣赏着眼前的美景。这时正听见两只小鸟欢乐地喳喳叫着。

国王听见雄鸟对自己的伴侣说："坐在那儿的人是谁啊？"

雌鸟回答道："那是全世界闻名的国王。"

只听雄鸟嘲笑地说："宫殿里的人都说他很有力量，那他的力量能够扛得起这些宫殿和堡垒吗？要是我的话，我动一下翅膀就能把它们全都推倒。"

雌鸟说："那不如你试试吧，让我见识一下你的力量。"所罗门吃惊地听了这一切，便招手把雄鸟叫过来，问它为什么这么自大。

雄鸟吓得发抖，回答说："请国王发慈悲饶了我吧，其实我并没有这么大的本事，刚才说的话只是想让我的妻子高兴一下，让它更看得起我。"所罗门心中暗笑，便让它飞走了。

雄鸟回到屋顶，便骄傲地对雌鸟说道："你知道国王为什么叫我过去吗？那是因为国王听见了我的话，恳求我不要毁坏他的王宫。"

所罗门听了雄鸟说的话，非常生气，便把它变成了石头，以此来告诫后人不要吹牛空谈。

故事告诉我们，说大话往往会带来不好的结果。所以，犹太父母从小就教导孩子不要说大话，要实事求是。吹嘘自大的人只会引起别人的厌恶和反感，时间一长，就会失去很多原本信任他们的人。犹太人认为，一个人过于骄傲时，就会失去一个人应有的谦虚，以及积极向上的精神，从而容易犯错误。

犹太人相信只有谦虚才会使人进步，才能获得成功。要让孩子学会谦虚，就必须注重以下两个方面。

首先，让孩子实事求是地看待自己，也就是说人要有自知之明。谦虚的人总是既能看到自己的优点和长处，又能看到自己的缺点和短处；既能看到已取得的成绩，又懂得不论成绩有多大，对于伟大的事业来说，也不过起到了一砖一瓦的作用。因此，谦虚的人不仅要保持努力不懈、积极进取的状态，更要正确地看待自己。

其次，正确地看待别人，虚心地向别人学习。谦虚的人善于发现别人的优点和长处，随时向别人请教，并懂得尊重别人，有事和大家商量。所以，谦虚的人能够主动地取人之长，补己之短，不断地从集体和群众中摄取养料，为自己的进步和成功创造良好的条件。

犹太人常说："如果自己的内心已经被骄傲和自大占满时，就再也不会给神留下地方住了。"所以，谦虚才是父母应该教育孩子学习的美好品德。

尽自己最大的努力来帮助别人，适时地付出自己点点滴滴的爱，去关怀他人、帮助他人，如此才会拥有一个幸福美好的人生。

——犹太箴言

让孩子从小拥有一颗博爱之心

真诚地对待每一个人，发自内心地去帮助他人，是一种爱的体现。在生活中，时时处处都需要爱心。

犹太人认为："善待他人就是善待自己，虽然这是一种无节制的付出，但也能得到应有的收获。"然而对于一个孩子来说，并不知道什么是爱心。所以，从小培养孩子的博爱之心是非常必要的，犹太父母就非常善于这方面的教育。

犹太父母经常教导孩子，爱的本质就是给予。给予别人帮助，有时候甚至比得到别人的帮助更幸福。

当然了，给予并不是谦虚的奉献，也不是傲慢的施舍，它必须是出于内在自然而然的流溢。

犹太父母告诉孩子，当别人有求于自己时，只要是正当的要求，就要尽己所能满足对方的要求。当看到别人有困难时，要主动地去帮助别人，这样能使别人懂得你存在的价值，其结果必然是别人同样施爱于你。

　　每个犹太父母都会为孩子讲这样的故事：

　　在苏格兰，有一个穷苦的农夫叫弗莱明。

　　有一天，他在田地里工作时，听到附近泥沼里有人发出哭喊声，于是急忙跑过去，发现一个小孩子掉进了粪池里，于是弗莱明就把这个小孩救了出来。

　　第二天，一辆崭新的马车停在了弗莱明的家门前，一位绅士优雅地走出来，自我介绍是那个被救小孩的父亲。

　　绅士诚恳地说："你救了我小孩的生命，我要报答你。"

　　弗莱明说："我救你的小孩是为了自己的良心和对于生命的呵护，我不能因救你的小孩而接受报酬。"

　　就在这时，弗莱明的儿子从茅屋里走出来。

　　绅士说："让我们订个协议，让我带走他，并让他接受良好的教育。我相信这个孩子将来一定会成为一个有用的人。"

　　弗莱明答应了这个协议。后来弗莱明的儿子就读于圣玛利亚医学院，并以优异的成绩毕业。他就是青霉素的发明者弗莱明亚历山大爵士，并因此发明而获得诺贝尔奖。

　　多年之后，这位绅士的儿子不幸染上了肺炎。在此之前，这是一种不治之症，无药可救。但是，有了青霉素，他得救了。这位绅士就是上议院议员丘吉尔。他的儿子是英国政治家丘吉尔爵士。

故事中，农夫弗莱明对别人一点点的帮助，对社会就产生了如此大的影响。犹太人不仅通过这样的故事让孩子懂得爱心的可贵，还经常带孩子去参加一些帮助弱者的社区活动，通过这些实践活动，让孩子懂得博爱的真正内涵，培养孩子关爱他人的品质，增强孩子的亲和力。

我们如何来培养孩子的博爱之心呢？

1. 以身作则，鼓励孩子去帮助他人

假如父母希望自己的孩子是个乐于助人、拥有爱心的人，那么父母就应该身体力行，给孩子做示范。爱心是在不知不觉中培养出来的。比如，看到其他孩子摔倒的时候，父母可以启发孩子，让他试着去帮忙。

2. 给予孩子足够的爱

每个孩子都需要爱的呵护，让孩子感受到爱的温暖，他才会成为一个有爱的人。这就需要父母拿出更多的时间来陪伴孩子，如果无法保证更多的时间陪伴孩子，也应该通过电话、视频等方式，加深与孩子的感情联络，与孩子度过重要的日子，孩子得到充分的关爱，才会懂得分享自己的爱。

3. 培养孩子的移情能力

让孩子站在别人的角度看问题、为他人着想。父母可以通过一些情景，让孩子进行角色互换，从而产生情感共鸣。比如父母生病了，让孩子联想一下自己生病时的体验，从而学会关心家人。

总之，博爱是一种生活的哲学、崇高的信念，它可以给人的思想、言论、工作及活动以指导，具有非凡的道德力量。因此，如果想让孩子成为品德高尚的人，就要坚持对孩子进行爱的教育，让孩子尽自己的努力去帮助他人、关怀他人，如此才会让他们有一个美好幸福的人生。

每一种恩惠都有一枚倒钩，它将钩
住吞食那份恩惠的嘴巴，施恩者想把他
拖到哪里就拖到哪里。

——犹太箴言

感恩是犹太人从小必须学会的品德

犹太人的伟大之处，在于他们把感恩看得比生命还重要，因为他们曾深切感受到苦难。所以，犹太人对他人的点滴恩惠都铭记在心，并报以最诚挚的感谢。在每年的犹太新年，他们会有意地培养自己的感恩之心，他们会说："让我们不要沉迷于对所缺乏事物的欲望，不要对我们所拥有的事物不知足。"

2010年的上海世博会，以色列国家馆门口摆放着一块感恩的牌子，上面写着："犹太人在上海的求生之路——生命的纽带。"下面的文字介绍了"二战"期间3万多犹太人在上海得到了中国人的安全庇护，中国人民高尚的举动永远被犹太人民铭记。

后来，战争结束，这些人成为以色列复国后的第一代开国元勋。犹太人把在中国上海的避难史写进了以色列的教科书，也写进了自己的家谱中。在以色列的利顺市有一个独立的广场，立着一个纪念碑，写着："中国人，我们不会忘记你们的恩情。"

　　可见，犹太民族是一个非常懂得感恩的民族。他们的感恩习俗由来已久，而且世代传承。感恩是犹太人从小必须学会的品德之一。他们认为，如果一个孩子连最起码的感恩都不懂，还能指望他去爱谁呢？

　　然而，现在的孩子大多数是独生子女，从小就在宠爱中长大。如果父母不教导孩子学会感恩，时间长了孩子就会认为自己接受多少都是应该的。这样的孩子长大以后，就会缺乏爱心，让人们避之唯恐不及。当然了，"感恩教育"需要各方的努力，尤其是作为家庭教育的施行者——父母要尽到自己的责任。

　　首先，父母要以身作则，承担一定的家庭责任和义务，共同分享家庭的事务。心中有他人，在乎家中每一个人，尊重他人的权益，关爱他人的需求。常说"行""对不起""谢谢"等。不乱抛纸屑，因为整洁的环境是属于大家的。夜深人静的时候不要把电视声音开得太大，因为安静的夜晚也是属于大家的。

　　其次，与人交往不忘感恩。乐于助人，关爱他人。不管是家人团聚还是伙伴交往，不称王称霸，不以"我"为中心。说出自己最感谢的人和事，学会赞美人、微笑，缩短人与人之间的距离。与大家分享，彼此互动，来培养感恩之心。

最后，培养家庭责任感。根据孩子的年龄，指导孩子承担一定的家务劳动，参与社区活动如访问敬老院，让孩子感受为他人服务的快乐，体验父母的辛劳，使他们更加珍惜家庭生活的幸福。

要经常从会给整个民族带来何种影响的角度来考虑自己的一言一行。

——犹太箴言

做人一定要有团队精神

犹太人认为，一个成功的人需要有团队意识，因为一个人的才智和力量总是有限的。所以，我们需要团结在一起才能形成更强大的力量。这也是每个犹太父母对孩子进行团队教育的原因。

团队的力量就像一把筷子，总能给人带来无限的惊喜。犹太民族在2000多年的流散中，明白了团结的重要性。在团结中，他们迎来了一个又一个奇迹般的荣誉。在团结中，犹太人从贫穷走向富有。团结就是力量，这绝不仅仅是一个口号，而是一个能让孩子受益一生的锦囊。下面这个故事就很好地说明了犹太人对孩子团队意识的培养。

"妈妈，今天老师教导我们什么是团队精神。"麦卢放学回家后高兴地对妈妈说。

正在打扫客厅的妈妈，回头看着自己的儿子，微笑着说："哦，那你学到什么知识了？"

麦卢蹦蹦跳跳地来到妈妈面前说道："老师给我们讲了蜜蜂采蜜的故事。妈妈，您知道吗？有的蜜蜂是采蜜的，有的蜜蜂是看守蜂蜜的，它们负责不同的任务，共同维护一个大家庭。"

妈妈看着摇头晃脑的儿子，忍不住笑了起来，问道："那你觉得是你聪明还是蜜蜂聪明呢？"

麦卢想了一下，对妈妈说："我觉得我和蜜蜂一样聪明，因为我也会团队合作啊。"说完，麦卢放下书包，拿起笤帚开始帮助妈妈打扫客厅，一边打扫一边说："妈妈，我扫地，您拖地。我们也合作吧。"

妈妈看着麦卢，欣慰地笑了起来。

从这个小故事中可以看出，不论是在学校还是在家里，犹太人都十分注重对团队合作的教育。他们认为团队可以给人力量，让人更加努力。

犹太民族是非常懂得团队合作的民族。正是这种团队合作精神和集体主义精神，使犹太人在经历了多次迫害之后依然繁盛，并且能在经历过生活的大风大浪之后重新崛起。犹太人认为，如果自己不团结互助，指望别人的帮助是不可靠的，如果自己不团结起来，就不可能在危难和迫害中生存下来。

所以，犹太父母在孩子小的时候就教育他们，要学会和别人团结合作，因为团结就是力量，懂得相互合作才能碰撞出更多的火花，拥有更强大的力量，才可以帮助人们克服生活中的困难。犹太父母主要从以下两个方面培养孩子的团队合作精神。

1. 在游戏中培养孩子的团队合作精神

游戏是孩子的重要活动之一，它是一种对社会活动的模仿，能起到一定的教育效果。父母要有意识地培养孩子团结协作、为了集体的荣誉而努力的精神。比如，将孩子分成几个小组，选择需要互助合作才能完成的游戏让孩子比赛，赛完后分析获胜和失败的原因，让孩子认识到只有服从集体利益，才能取得胜利。

2. 在交流中培养孩子的团队合作精神

孩子是一个特殊的群体，他们有自己的游戏规则，只有通过共同玩耍、共同学习、共同生活，他们才能走出封闭的心理，学会愉快地接纳别人、了解别人，学会忍让与妥协，为他们以后步入社会打下基础。

未来是一个竞争激烈的社会，一个拥有团队合作精神的人才有更大的机会获得成功，所以，我们应该像犹太父母那样，从小注重对孩子团队合作意识的培养。

第七章
处世学问：犹太人的"天下通道"

犹太人深谙处世之道，他们凭借不凡的见识、过人的智慧和出众的社交技巧，总结出犹太家教中传授给孩子的处世智慧。他们非常重视对孩子交际能力的培养，因为，交际是孩子所学知识的充分展示。让孩子学会与人交往，是犹太父母的必然选择。

要培养你的儿子懂礼貌，严格管束他，否则他在任性时会骄傲地起来反抗你。

——耶稣·西拉赫

礼貌是对他人最起码的尊重

犹太人的《天下通道》是一部处世之书，狭义上指的是要注重礼貌和善行，广义上则是指高尚、可敬的行为标准。它对犹太人如何修身、养性、齐家、平天下提出了许多具体要求。书中的处世行为准则值得我们学习。

礼貌是人与人交往的润滑剂，可以减少彼此间的摩擦，增进人与人之间的关系。犹太人相当注重社交细节，长辈经常教导孩子哪怕是要走到街对面去，也要先跟人家问候。他们认为，问候是对他人应有的礼貌。因此，教育孩子如何问候他人和接受他人的问候，不仅仅是礼貌的问题，更是他们精神气度的体现。

犹太父母非常注重对孩子品德的培养，从小就鼓励他们做个高尚、乐于助人和礼貌周到的人。犹太父母也会经常给孩子讲具有高尚品德的各种小故事和人物事迹来教育孩子，以此来培养孩子的高尚品德。

马卡斯是一个5岁的犹太小男孩，有一天，在他追着皮球跑的时候，不小心撞到了正在喝水的爸爸，结果一杯水全洒在了爸爸的身上。马卡斯依旧自己玩着皮球。

这时候爸爸叫住了马卡斯，指着身上的湿衣服问道："马卡斯，你把爸爸的衣服弄湿了。你觉得你应该怎么做？"

马卡斯低着头不敢说话。这时爸爸提醒道："你还记得我给你讲过的列宁的故事吗？他在撞到别人时是怎么做的呢？"

马卡斯红着小脸说道："列宁在撞到别人的时候会先向别人道歉。"

爸爸听到马卡斯的回答后，摸着他的头说："是的，马卡斯，当你冲撞了别人的时候，要向对方道歉。而不只是低着头不作声，这是最基本的礼貌，以后你要记住这一点。"

马卡斯点了点头说道："爸爸，我会记住的，我要像列宁一样有礼貌。"

在犹太人的观念里，一个人品德的好坏决定了他成就的高低。因此，犹太父母会像教育马卡斯一样教育自己的孩子懂礼貌，他们通常有自己的方式和方法。

首先，教会孩子说文明礼貌用语。犹太父母认为，生活中应该注重教孩子说"请""谢谢""对不起""没关系"等文明礼貌用语，当然这需要父母以身作则，给孩子树立好榜样，让孩子在耳濡目染中学会文明礼貌用语。父母还要教育孩子无论碰到什么人，都要学会主动与别人打招呼。

其次，教育孩子与小伙伴友好相处。犹太父母总是告诉孩子与小伙伴玩耍的时候，要互相谦让，不要抢别人的玩具，也不要随意发脾气，更不能打人骂人。如果想玩别人的玩具，应该友好礼貌地询问对方。如果在游戏时不小心碰撞了小伙伴，要说"对不起"。

礼貌是人类为维系社会正常生活而要求人们共同遵守的最起码的道德规范，它是人们在长期共同生活和相互交往中逐渐形成，并且以风俗、习惯和传统等方式固定下来的。对一个人来说，礼貌是一个人的品德和内在修养的外在表现。因此，犹太父母非常注重培养孩子文明礼貌的习惯。

我们知道，高尚的品德有助于孩子取得更大的成就，一个拥有高尚品德的人一定是个懂礼貌的人。作为父母，我们要像犹太父母一样从小教育孩子讲礼貌。告诉孩子什么是好的行为，什么是不好的行为，提醒孩子什么应该做，什么不该做，培养孩子文明礼貌的习惯，让孩子受用一生。

善待他人就是真诚地对人，虽然有时候看起来是一种不求回报的付出，但同样也能得到应有的收获。

——犹太箴言

真诚待人，是与人交往的准则

犹太人认为，善待他人就是善待自己，因为只有善待他人，自己才能融入人群中去，获得友谊、信任和支持；只有善待他人，在人生的道路上才会拥有快乐，踏入充满机遇的境界，走向充满希望的未来。因此，犹太父母经常告诫孩子，要像爱自己那样善待他人。因为，人类拥有同一个祖先，所有人都应该爱这个集体，每个人都应该友爱他人。犹太父母经常用讲故事的形式来教育孩子。

一位犹太青年住在海边，非常喜欢鸥鸟，时间长了，鸥鸟对他也产生了亲近感。每天太阳升起，当他摇船出海的时候，总有一大群鸥鸟尾随在他的渔船四周，或在空中盘旋，或径直落在他的肩上、脚下、船舱里，自由自在地嬉戏、玩耍，完全不顾他的存在，呈现出一片和谐的景象。

后来，青年的父亲听说了这件事，就对他说："大家都说海上的鸥鸟喜欢在你的船上玩耍，毫无戒备，你何不乘机抓几只回来？"于是他满口答应道："这有何难？"

第二天，青年早早地出了家门，他将小船摇出海面，焦急地等待着鸥鸟的到来。可是，鸥鸟总是在空中盘旋，似乎没有要落到他船上的意思。因为聪明的鸥鸟早已经看出他的神情与往常不一样。后来，有几只落到了船上，当青年准备伸手抓它们的时候，鸥鸟"呼"的一声全飞走了，青年只好干瞪眼。

从这个故事中我们可以知道，无论是人与动物，还是人与人之间，彼此交往要想达到和谐友好的境界，就必须以真诚为前提，善待他人。如果自以为聪明，想去算计朋友，那么朋友必然会弃你而去。

犹太人认为，无论什么时候人都应该拥有真诚，只有真诚的阳光才能支起一片晴空丽日。我们每个人的生活都会有欢乐与追求，也有忧愁与失落。因此，我们在享受晴空丽日的温暖时，也不能忘了乌云翻滚的寒流，真诚地善待他人，既是给他人温暖，也会让自己温暖。

孩子们生活的世界绚丽多彩、生动美好，但同时也存在着一些缺陷。因此，需要他人的关爱。犹太父母经常告诉孩子不能总想着自己，也要多想想别人。应该以开朗豁达的心境、热情友好的态度去尊重他人，关爱他人。因为一个人只有发自内心地去爱别人，才会得到他人的尊重与爱戴，同时其生活也会变得充实和丰富多彩。

犹太父母会在孩子小的时候，就教给他这样一种思想：每个人都是重要的人，当你觉得自己的想法很重要时，别人常常也是这样认为的，所以要学会换位思考。父母通常会给孩子讲一些经文里的小故事，来教育孩子懂得尊重他人、关爱他人，站在他人的立场考虑问题，把每一个人都当作一个重要的人来对待。犹太父母还会让孩子一点点地学会去观察和感受别人的喜怒哀乐，在适当的时候对他人给予鼓励或者安慰。

总之，爱是相互的，当你无私地关爱别人的时候，也会获得别人的关爱。作为父母，要注意培养孩子的友爱之情，这有助于孩子奉献和博爱精神的树立，让孩子在以后的道路上主动地去帮助别人、宽容别人。

不要去信誓旦旦，一万句许诺抵不上一个真实的举动，许诺了就一定要做到。

——犹太箴言

许下的承诺，就一定要实现

犹太商人的诚信在商界中是非常值得称道的，各国商人在同犹太人交易时，都对对方的履约有着很大的信心，同时对自己的履约也往往有着很严格的要求。可见，犹太人的信守承诺对整个商界的意义和影响。

很多犹太商人的成功，都与契约精神有着密不可分的关系。

所谓的契约，也就是遵守承诺，这是犹太人经商和做人之道，是犹太人非常注重的品德。在犹太人中，流传着这样一个故事：

很久以前，有一个商人坐船过河，在经过河中间的时候，船不小心翻了。商人不会游泳，在落入水中的那一刻，顺手抓住了一个大麻杆，他大声呼救。

有个渔夫听见了商人的呼救声，赶来了。商人看见有人来了，赶紧大喊："我是个富翁，如果你能把我救上岸，我会给你很多金子。"渔夫听后，赶紧把商人救了上来。

没想到，商人一上岸就翻脸不认账，只给了渔夫10块金子。渔夫责怪商人不守承诺。商人却讽刺道："你一个渔夫，一辈子也赚不了这么多钱，现在一下子得了10块金子，你还有什么不知足的呢？"渔夫听了哑口无言，只好走了。

后来，商人做生意又经过这条河，不幸的是他又一次掉进了水里。这时他大声呼救，并像之前承诺的一样，有人准备去救他。渔夫说："这就是上次说话不守承诺的那个商人。"众人听了都停下了脚步，商人就这样被水淹没了。

可见，不要轻易许诺，许诺了就一定要兑现。由于犹太人普遍以诚信为本，所以即便是口头的允诺也有足够的约束力。在犹太人看来，守约本身就是一个应尽的义务，要想取得别人的信任，就必须言行一致。所以，犹太父母从小就培养孩子做一个令人信赖的人。作为父母可以从以下方面来教育孩子。

首先，父母要以身作则，在日常生活中，不要失信于孩子。一些父母认为孩子年龄小，不懂得道理，那就大错特错了。父母的失信很容易就会在孩子身上得到体现，孩子的模仿能力很强，如果父母经常"忽悠"孩子，孩子自然也会学坏。

其次，教育孩子要言而有信。在孩子小的时候，意识不到言而无信带来的后果，通常在受到惩罚后才会醒悟。因此，父母要通过说道理或讲故事的方式告诉孩子，如果做出了承诺，就一定要去实现，失信于人最终会使自己处于孤立的境地。

最后，孩子承诺了的事情，由于能力有限、经验不足而搁浅时，父母不要诋毁或骂孩子，而是要帮孩子分析原因，教导孩子在承诺一件事情前，要清楚地认识自己的能力，做一个一诺千金的人。

在人们的心灵深处，最渴望他人的
夸奖。夸奖是一种鼓励，胜过雨后绚丽
的彩虹，在人们内心深处植入信心和力
量，播下的是奋进向上的种子。

——犹太箴言

多夸奖别人，少炫耀自己

夸奖是对别人的一种认可和肯定，它能给人带去活力和精神。多
一些鼓励，就会少一些背离者，多一句赞美，就会获得更多忠诚的朋
友。每个人都希望能够获得他人的正面鼓励，而不喜欢负面的刺激。
因此，犹太人认为，在人际交往中学会夸奖别人，能够更愉快地与人
相处，父母对孩子的夸奖也更易使他们进步。

心理学家罗森塔尔和雅各布森通过一项实验来证明夸奖对他人所
产生的积极影响：

他们从一所小学的一至六年级中各选了三个班的学生，进行了"发
展测试"。他们把认为有发展潜力的学生名单用夸奖的口吻通知学校和

有关的教师，并让他们对名单进行保密。

其实，这些学生都是随机抽取的，他们只是想通过这种"权威性的谎言"来暗示教师。最后实验的结果是：每一个"有发展潜力的"学生都取得了进步，而且感情更加丰富，性格更加开朗，求知欲也变得更强。

为什么会出现这样的结果呢？这主要是教师在得到"权威性的暗示"后，不自觉地认为这些学生都是优秀的，对他们常常投以夸奖和认可的目光，学生受到老师的肯定，也更加自信和努力，从而奋发向上，取得优异的成绩。

所以，作为父母和老师必须具备无私、公平的博爱，在日常生活和学习中多夸奖孩子，给孩子鼓励，才能让孩子取得更大的进步。同时也要教育孩子与人相处时多夸奖别人，因为夸奖能带来更和谐的关系。

另外，犹太父母还教育孩子少夸耀自己，也就是在别人面前不要自大。

有一位从事神圣工作的拉比正在熟睡，坐在一旁的信徒正在讨论这位神圣拉比的美德。

"他是多么虔诚！在整个波兰再也找不到第二个像他一样的人了。"一个信徒陶醉地叫了出来。

"谁能和他比仁慈？他给人以宽广无私的施舍。"另一个信徒狂热地喊道。

"他有那么温和的脾气！难道有谁见过他激动吗？"又一个信徒

说道。

"啊！他是多么博学！他是第二个伟大的拉比！"一个信徒接着说道。

信徒们陷入了沉默，这时拉比慢慢地睁开眼睛，用一种不满的眼光看着他们，并说道："怎么没人说我谦虚啊！"

这个被称为"谦虚的拉比"的故事，是犹太父母经常讲给孩子听的，他们希望孩子不要像故事中的拉比那样自大。因为，自大的人是不受他人欢迎的。

总之，教育孩子夸奖他人不仅使别人更加愉快，自己也能从中受益，因为夸奖和被夸奖是一种人际关系的良好循环。而吝啬夸奖，就难以获得朋友、得到拥戴，从而产生自卑感。作为父母要以身作则，在赞美的环境中和孩子一起成长。

任何时候都不要鄙视他人

犹太人认为上帝在创造人的时候是公平的，他们不会因为你地位低下或者贫穷而低看你，在他们的眼中，任何人都是平等的，即便是乞丐也一样。所以犹太人不鄙视、歧视和轻看任何人，包括没有教养和知识匮乏的人，因为他们只是没有机会学习文化和礼仪而已。

犹太人教育孩子对任何人都要以诚相待，不能鄙视任何人。通常犹太父母会通过寓言故事让孩子明白这些道理。

妈妈和哈默准备去市场上采购蔬菜，路上看见一位长相丑陋的人正在沿街叫卖瓷器。哈默嫌弃地对妈妈说："妈妈，您看那个人长得多么丑陋。"妈妈听后没有说话。

后来，他们来到市场里卖酒的地方，看到一排排储存酒的陶罐整齐地排列在橱柜中。妈妈指着这些陶罐问哈默："儿子，你看这些陶罐丑陋吗？"

哈默回答道："丑陋，和刚才街上的那个人一样丑陋。"

他们又走到卖银器的地方，一排排闪着光的银器晃得人睁不开眼睛。

妈妈又指着这些银器问哈默："这些银器漂亮吗？"

哈默激动地说："当然漂亮，比那些丑陋的陶罐漂亮一千倍。"

妈妈说道："银器虽然漂亮，却不能储存美酒。陶罐虽丑陋，却可以为人们储存甘甜的美酒。这就和人的容貌一样，丑陋的外貌下也可以拥有超人的智慧。"

哈默记住了妈妈的话，以后再也没有嘲笑过他人。

犹太人素有尊学和重学的传统，不论什么时候都不会鄙视、歧视他人和以貌取人。在一些犹太人聚居的地方，每一个镇上或者村子里都会有一个或者几个乞丐，但犹太人并不鄙视和歧视他们。他们认为，乞丐也是一种获得了神允许的职业，是人们施舍的对象，同样值得尊重。而乞丐也不会因为自己的身份而看轻自己。

值得一提的是，在犹太民族中，一些乞丐是很喜欢读书的，他们认为学识能让一个人拥有更高尚的品德。

不鄙视他人是犹太父母从小就教育孩子的，在具体的实施上他们有一套独特的方法。

首先，犹太父母注重消除孩子的等级优劣思想。富人代表成功、穷人代表失败、品德高尚的人值得尊重、学识浅薄的人粗俗等观念，犹太父母是不会灌输给孩子的。他们从小教育孩子人人是平等的。所以，犹太孩子更容易从身边的人身上发现优点，并向他们学习，真诚地尊重和赞美他人。

其次，提高孩子的修养。犹太人认为，一个肤浅的人，是难以领悟生命真谛的。如果只通过表象就评头论足，这样的人往往会有谄媚、鄙视他人的心理。而学识渊博的人，往往拥有宽阔的胸怀，能接纳万物，尊重他人。所以犹太父母会让孩子博览群书，扩大知识面，从而提高孩子的文化素养，做一个尊敬他人的人。

不鄙视任何人，宽容地接纳每个人，是一个人赢得他人尊重和获得良好人际关系的前提。在现代社会中，一个人的成功离不开周围人的支持，强大的人脉是一个人成功的必要条件。因此，父母要注意培养孩子的平和心态，教育孩子平等地看待周围的人，不要鄙视任何人。

上帝给人一张嘴，两个耳朵，就是让人们多去倾听而少些诉说。

——犹太箴言

学会倾听，而不是一味地倾诉

我们常说的"祸从口出"，是指话说多了容易闯祸。犹太人则把言辞比喻为药，他们认为，恰到好处的言语能让人和谐相处，但过多的话语就有可能像喝多了药一样起到副作用。

犹太人认为，一个话多的人远比小偷更让人感到可怕和头痛，假话流传时间长了就会让人误认为是"真理"，谣言会让亲近的朋友互相不信任。另外，犹太人还认为，喋喋不休的人，通常都不是聪明的人。真正聪明的人是一个善于理解和倾听别人讲话的人。

犹太人中流传着这样一句话："当不聪明的人高声大笑时，聪明人只会微微一笑。"因此，犹太人善于管好自己的舌头，就像是对待珍宝一样；让自己适当地保持沉默，学会倾听会得到更大的益处。

犹太父母经常讲罗斯的故事给孩子听：

一天，罗斯放学回家对妈妈说道："妈妈，足球比赛的时候，帕克在上场前害怕得两条腿直打战，哈哈……我们班汉娜的头发总是像个稻草堆一样，我们都叫她狮子王……"

妈妈打断了儿子的话，并说道："罗斯，还记得妈妈以前给你讲的故事吗？"

罗斯愣了愣，说道："记得啊！从前有个拉比让他的仆人到市场上去买世界上最好的东西回来，结果仆人买了一只舌头回来，过了几天拉比又让仆人到市场上去买最不好的东西回来，结果仆人买回来的还是一只舌头。"

妈妈问道："难道你又忘了这个故事要告诉我们什么道理了吗？"

罗斯回答道："世界上最好的东西是舌头，最不好的东西也是舌头，是告诉我们不要乱说话！"

说完之后，罗斯便明白了妈妈的意思。他对妈妈说："妈妈，我明白了，我以后再也不随便评论别人了。"妈妈微笑着拍拍罗斯的头。

孩子喜欢评论别人，或许是出于好奇，他们可能并没有意识到自己的错误。这时父母就应该像罗斯妈妈那样教育孩子不要胡乱评论别人。

犹太人讨厌喋喋不休的"长舌妇"，对造谣者更是深恶痛绝。因此，犹太人看起来一副寡言的样子。当然，这并不是说他们不善言辞，而是他们很少在公共场合叽叽喳喳地说个不停。

记得有位哲人曾说："在某些时候，沉默比任何话术都有效。"很多犹太父母在教育孩子时说："上帝给了人一张嘴、两个耳朵，就是让人们多去倾听而少些诉说。"

犹太孩子从小就善于倾听，他们懂得要依靠倾听而不是靠滔滔不绝的诉说来拉近彼此间的距离，甚至建立良好的人际关系。聆听得越多，人就会变得越聪明，就会被更多的人喜爱，拥有更多的朋友。

当然了，成为一名好的倾听者并不容易，犹太父母为了培养孩子的倾听艺术，会从以下几个方面着手，这些方法也是非常值得我们学习的。

1．不要随意评论他人

犹太父母教育孩子不要随便对别人进行评论，因为很多事情都是越传越虚，最后有可能就变成了"事实"，并且这些谣言会造成朋友之间相互猜疑，给双方的心灵带来伤害。犹太父母常常会把舌头比作利剑，教育孩子说话要谨慎，因为话一旦说出口，很可能会伤到别人。

2．认真地传授孩子倾听的意义和方式

犹太父母经常教育孩子对人的态度要诚恳，要真诚、认真地去倾听，感受对方的情绪变化，适时地表达自己的赞同或表扬，让对方感受到被尊重和被理解。

3. 倾听时面带微笑,以尊重他人

在倾听的过程中要面带微笑,不要做其他事情,以免让人觉得你不够尊重别人。倾听的过程中还可以穿插一些合适的表情、手势和语言,既化解尴尬,又可以表现你在专注地倾听,让对方感受到你的真诚,增进彼此的感情。

处处热心的人生，是事事满意的人生。

——犹太箴言

培养孩子做一个好客的小主人

中国人热情好客，这是有目共睹的，也是值得我们骄傲的品德。其实，每个民族在待客方面都有着自己的风俗。犹太民族也是热情好客的民族之一，无论是对待自己的朋友、同事，还是对待陌生人，他们都一样热情。

犹太人好客的习俗从很久以前就得以传承，亚伯拉罕是传说中好客的典范，他曾经在妻子的协助下，迅速为伪装成流浪者的上帝的三位使者准备了丰盛的晚餐。后来，犹太人就以他为榜样，开始推崇好客的美德。

巴尤哈尼亚准备举办一次宴会，以招待罗马贵族。但是他在这方面的经验不足，于是向拉比以利则请教。以利则告诉他："如果你打算邀请20个人，那就做好招待25个人的准备；如果你打算邀请25个人，那你就做好招待30个人的准备。"

巴尤哈尼亚不以为然，没有接受以利则的建议。结果，宴会开始的时候来了25个客人，可是他只准备了24份菜。他不得不把一只金盘子放在没有菜的客人面前，客人非常愤怒地说："难道你要我吃盘子吗？"

后来，巴尤哈尼亚对以利则说："我真不该不听你的建议，你已经告诉我该怎么做了，我却没有照你说的做，还觉得你说的是错的。"

可见，如果连最起码的待客准备都做不好，如何能得到客人的尊敬呢？这不仅仅是让客人尴尬的事情，更是丢自己面子的事情。

后来，在犹太人的传统里，形成了这样一种礼仪：受到殷勤招待的客人，应该在盘子里留下些食物，表明主人的招待非常丰盛，超出了需要。只有当主人说"请不要剩下"时，客人才能将盘子里的食物全部吃干净，因为浪费食物是一种不礼貌的行为。

犹太人的热情好客都是从小受家庭教育影响的，犹太父母会在孩子邀请小朋友到家里来玩的时候，告诉孩子如何做一个热情好客的小主人。

首先，犹太父母会让孩子一起参与聚会的准备。家里来客人或是举办聚会的时候，大多数父母一般不会与孩子事先商量。结果当客人到来的时候，孩子不知所措，认为这事与自己没有关系，只能被动地听父母的指示。可见，父母应该与孩子一起策划聚会，让孩子在聚会中担任重要的角色，做一个热情好客的小主人。

其次，聚会后与孩子讨论细节。犹太父母认为，礼貌是从尝试错误的经验中形成的。聚会后，一家人可以坐下来一起讨论，孩子哪些地方表现得礼貌得体，哪些地方表现得精彩。父母应该尽可能地观察孩子的行为，并提出自己的看法和建议，让孩子对自己在聚会中的表现有清晰的认识。

当然，父母希望孩子成为热情好客的小主人，那么自己也要做一个好客的主人，多向犹太人学习。比如，犹太人非常喜欢举办聚会，他们经常会在周末的时候大摆宴席，宴请自己的朋友、同事、亲戚，如果有陌生的路人进来一起吃饭，他们也不会介意。这些都足以证明犹太人的好客之道。

思考时请感情离开，因为你需要的
是理智。

——犹太箴言

♔

遇到问题，请让感情离开

犹太人认为，任何时候都不要轻易地喜欢和憎恨一个人，因为感情用事很容易使自己犯下错误，而懂得理性思考的人才是明智的人。记得有位哲人曾说："思考时请感情离开，因为你需要的是理智。"虽然这些道理我们都懂，但是能真正做到理智的人却是极少数的，人们在遇到事情的时候，总是感情用事。

有一个犹太小男孩，经常和他的姐姐争玩具，可是每一次他的姐姐都不给他。小男孩只好用哭的方式来表达自己的不满。他的父母不仅不劝姐姐把玩具给他，还在一旁笑话他："笑是风力，哭是水力。"

小男孩很无辜地看着父母，问道："什么叫'笑是风力，哭是水力'？"

父母解释说:"笑就像风刮过去一样消失了,而哭就像水流过去一样没有了痕迹。你这样哭是解决不了问题的。"

后来,小男孩就再也不轻易地哭了。

可见,犹太人在孩子哭的时候并不会立刻去满足或安慰他。因为在犹太父母看来,小孩的哭泣是他自己一种不愉快的感情宣泄,小孩任意地宣泄自己的感情是他不肯动脑筋、想办法的无能表现。犹太父母认为,这种感情用事的做法是他们不能接受的,他们希望孩子能动脑筋、想办法去解决遇到的问题。

其实,感情用事不仅体现在孩子身上,很多成人,甚至是伟人也会感情用事。比如,在物理学历史上,人们理解光的本质时,光波学说其实早已经得到了验证,但牛顿在科学界的影响巨大,由于牛顿坚持微粒学说,人们宁愿相信牛顿,也不愿相信真理,使光波学说被埋没了100多年,直到在实验室里面重新被演示以后,人们才慢慢地接受了光波学说。

为什么人们宁愿相信著名科学家,也不愿去相信真理,这一切都归根于人们感情用事。人们认为伟人不会错,殊不知伟人也会有失误乃至错误的时候。所以,很多时候感情用事会给我们带来错误的认知,这也是犹太父母教育孩子不要感情用事的原因之一。

犹太父母教育孩子,判断一件事情的对错,不能过于感情用事,不能一味盲目地崇拜而相信他人的一切。在遇到事情时,首先要保持冷静,排除一切感情因素,用理性的思维来判断事情的对错。

其次,社会是复杂的,孩子周围的环境和人也是复杂的,他们要接触各种各样的人和事，难免有时候会失去理智。我们需要告诉孩子的是，在做事情的时候要三思而行，不能鲁莽行事，凡事要做到有理智。因为有理智的人在做任何事情的时候，都能保持平和的心态、宽广的胸怀，并能周全地处理所发生的问题。相反，不理智的人遇事暴跳如雷、自私冲动，头脑一发热很容易做出损人不利己的事情，甚至会走上极端，滑入罪恶的深渊。

所以，理智是一种向上的高尚品质，感情用事则是鲁莽的原始冲动行为。父母要向犹太人学习，从小培养孩子理智的品德。

第八章

健康教育：好身体是一切美好的开始

犹太人是一个有着顽强生存力的民族，不管在多么恶劣、糟糕的环境中，他们依然能够活出自己的精彩和智慧。这得益于每一个犹太人从小接受的严格的健康教育。犹太人非常注重孩子的饮食、运动、心理等方面的教育，从小培养他们对环境的适应能力。

你越让自己保持愉快，你就越聪
明。只要你接受自己便足够了，自爱与
别人对你有何看法毫不相干。

——犹太箴言

学会爱自己，是美好的开始

在希腊帕尔纳索斯山神殿的大门上，有这样一句话："认识你自
己。"在这个神谕的影响下，犹太人认为，人首先要学会爱自己，只
有正确地爱自己，才能懂得如何去珍惜别人。所以，犹太父母时常教
育孩子必须学会爱自己。

一位犹太小女孩曾经问一位拉比："我该怎么做才能过充实的生
活？"拉比的答案很简单，只有四个字："做你自己。"的确，做自己
是一个人的本色，犹太父母很注重对孩子自我观念的教育，爱因斯坦
就是一个坚持做自己的伟人。

爱因斯坦在大学期间，佩尔内教授曾经严厉地问他："你在学习中

不缺少热心和好意，但是缺乏能力。你为什么不学习医学、法学或哲学，而一定要学习物理呢？"

爱因斯坦并没有因为教授的建议而改变，他依旧对物理感兴趣。因为他了解自己、相信自己，更能正确地认识自己，他知道自己在物理方面的才能，只要坚持下去，就一定会有所成就。后来，事实确实证明了他的选择是对的。

在犹太人的世界观里，"我"作为一个个体是独一无二的，我们拥有着自己的幻想、希望、美梦以及恐惧，作为自己的主人我们可以主宰自己的一切。正因为如此，我们能够接纳自己的一切，并把自己最好的一面呈现出来。

了解犹太历史的人都知道，犹太人一直处于流浪和漂泊中，在世界各地受到歧视、冷落甚至迫害。他们身在异国他乡，除了依靠自己，没有任何人能够帮助他们。这些经历让犹太人深刻地认识到只有靠自己的信念才能拯救自己。

犹太人认为，人首先要学会为自己谋福利，自己有了财富，才有能力真正地去帮助别人。一个有价值和成功的人，应该靠自己去奋斗与拼搏，而那些一天到晚心忧天下，自己却潦倒穷困的人虽然值得尊敬，但他们并没有能力去帮助别人，也无法对社会做出贡献。

当然了，爱自己的方式有很多，除了使自己强大和富有之外，也可以选择从喜欢自己的身体开始。我们每个人对自己的外形、优点、缺点等方面都会有一定的认识。但是对于孩子来说，他们的认识能力不够完善，往往不能客观地看待自己。因此，父母要时常教育孩子正确地认识自己，犹太父母是这样做的：

1. 让孩子确定人生目标

确立人生目标不是一件容易的事情，这需要孩子从身边的所有事情中，理智地分析、辨别出对自己有利的机会，然后利用机会减少所要面临的困难和提升自己的价值。其中，最重要的是勇敢面对改变的过程，只有具有坚定的方向和足够掌控一切的能力，才能锁定自己的人生目标。

2. 让孩子清楚自己的地位

社会是复杂的，每个人都需要将自己定位在一个合适的位置上。如果孩子总是把自己放在不合适的位置，就会处于不自信的困扰中，使内心充满恐惧，变得犹犹豫豫，而不敢向前迈步。

3. 让孩子懂得自爱

自爱意味着孩子懂得爱自己，它并不要求别人的爱，因而也没有必要说服别人。只要孩子接受自己便足够了，自爱与别人对他有何看法毫不相干。让孩子自爱，就必须摒弃"自我形象要么是积极的，要么是消极的"这样的观点。

实际上，每个人都会有自我形象，而且它是经常变化的。比如让你回答："你喜欢自己吗？"你可能倾向于将所有消极的自我形象汇集起来，说"不"。而我们应该让孩子对自己更加肯定，要他们说"是"。一个爱自己、肯定自己的人才会生活得更美好。

禁止生活在一个没有一座绿色花园的城市里。

——犹太箴言

像爱自己一样爱护大自然

犹太人认为,人应该居住在洁净的环境中,并且禁止任何人去做任何会对城镇的卫生有害的事。为此,犹太人有一条典型的规则是:"在距离城市50英尺(约15米)之内的地方不得修永久性打谷场、坟场、墓地,制革厂不得修建在距城市50英尺的地方且只能建在城市的东方。"

犹太人做出这样的规定,目的是为了防止尘埃和臭味侵扰居民。因为打谷场、坟场、墓地和制革厂都有灰尘和难闻的气味。制革厂应建在东方,是因为东风很微弱,不会把臭气吹到城市里。

犹太人可以说是世界上最有力的环境保护者。他们把人的生活环境作为生活文明的重要内容,他们认为,爱惜大自然就像爱惜生命一样，是敬重上帝的体现。

犹太人认为，这个世界是由上帝和被上帝选中的人创造的。犹太人是上帝选中的人，因此，整个世界都是为他们创造的。为此，他们应该每时每刻地照料它，满足它的需要。

有这样一个故事：

几个长工在约克哈特的犹瑟拉比地里干活。夜幕降临后，他们什么吃的都没有，于是，就向犹瑟拉比的儿子抱怨说他们很饿。

这些人正坐在一棵无花果树下休息，犹瑟的儿子就对果树说："无花果树啊无花果树，长出你的果实来吧，好让我父亲的工人们充饥。"

果树果然长出了果实，长工们就吃了果子。

拉比回来后，向长工们道歉："我在做桩施舍工作，所以回来晚了，请你们原谅。"

"愿上帝满足你，就像你的儿子满足我们一样。"长工们回答道。接着，他们把无花果的事告诉了他。

拉比一听，满腔怒火，转身对他的儿子说："我的儿子，你让无花果在它的节令到来之前就结了果，这给造物主带来了麻烦。你最好也在你的日子到来之前，就从这个世界消失吧！"

从这个故事中可以看出，犹太人爱惜大自然的心情。爱惜大自然，保护家园是犹太先民的最伟大之处。犹太人保护环境既出于一种责任感，更是他们智慧的体现。有责任感且有智慧的人有很多，但能意识到环境重要性的却不多。为了拥有更好的生活，我们必须先教会孩子做一个有责任心、有智慧的环境保护者。

　　首先，要培养孩子爱护自然环境的意识。父母在闲暇时应多带孩子去公园或儿童乐园，比如：春天，让孩子观察树叶发芽；夏天，让孩子记录小蝌蚪变成一只小青蛙的过程；秋天，让孩子观察树叶由绿到黄、叶落归根的变化；冬天，让孩子去寻找冬眠的小动物。孩子只有不断接触大自然、体验大自然，热爱大自然的感情才会不断增长。

　　其次，让孩子爱惜资源。爱惜资源是孩子应该从小养成的好习惯，父母在引导孩子时，可以从孩子喜欢的玩具着手，先教孩子学会爱惜玩具，再进一步拓展到生活层面。通过随手做的环保小事，让孩子在生活细节中了解爱惜资源的重要性。

　　犹太人认为，天空是温暖的摇篮，不要再向天空吐烟，让地球心酸；草地是美丽的地毯，不要再乱扔杂物，让地球难堪。每个做父母的都应该像犹太人一样深谙爱惜自然的道理，并把这种爱护自然、保护环境的观念灌输给孩子。

不要吃自己不喜欢的食物，否则
就违背了三条戒律：轻视自己，轻视食
物，不当地违背了祝福。

——犹太箴言

饮食有度，是健康的根本

犹太人经历过颠沛流离的日子，所以他们对食不果腹深有体会，他们对食物的理解也更加深刻。在他们看来，节制饮食并讲究饮食之法，是身体健康、长盛不衰的重要原因。

迦玛列拉比说："我因三件事而羡慕波斯人：他们饮食有度，如厕有度，房事有度。"犹太人饮食有度的基本原则是："吃（胃的容量）三分之一，喝三分之一，留下三分之一的空。"犹太人无论是出于贫穷，还是出于节俭，通常都吃最简单的饭。犹太父母经常讲霍夫曼的故事给孩子听，希望孩子养成节制饮食的习惯。

午餐的时候，妈妈给霍夫曼烙了他最喜欢吃的馅饼。霍夫曼高兴极了，于是兴致勃勃地开始吃起来。霍夫曼吃完一个后对妈妈说："妈妈，请再给我一个馅饼。"

"霍夫曼，你知道你已经吃了几个馅饼了吗？"

"第三个了。"霍夫曼大口大口地吃起来。

"这是最后一个，吃完之后，就不能再吃了。"

"为什么？我还能再吃一个，你看我的肚子还很小呢！"

"再装一个馅饼，你的小肚子就要撑坏了。"

"可是，妈妈，我喜欢吃馅饼，可不可以让我再吃一个？"

"霍夫曼，记不记得上次约翰是为什么被送到医院的？"

"因为他吃了很多很多的食物。"

"孩子，如果你吃太多的馅饼也会和约翰一样，会把你的胃吃坏的。记住妈妈的话，要按时进餐、适量进餐，好吗？"

"妈妈我知道了，我会记住的。吃坏了肚子要进医院，还要打针，我不会暴饮暴食的。"

霍夫曼吃完手里的馅饼后，高高兴兴地出去找伙伴们玩了。

犹太人除了节制饮食外，在饮食方面还有严格的要求。犹太父母之所以严格要求孩子的饮食，从小培养他们良好的饮食习惯，是为孩子的健康成长保驾护航，具体来说有以下几个方面。

1. 不吃不洁净的食物

犹太人认为，凡是不洁净的食物都不能吃，比如骆驼、兔子、鸡等是不能食用的，甚至碰都不能碰，而羊、牛等则可以食用。另外，水生动物中有鳞、有鳍的鱼类为洁净的可食物，而无鳞、无鳍的虾、贝类等属于不洁净的食物，不能食用。任何靠食腐为生的动物，因老病死亡的动物，都是不洁净的，也不能食用。并且，即便是洁净的食物，犹太人也认为要通过规定的方式宰杀以后才能食用。

2. 正确的进餐时间

犹太人认为，在身体有进食需要的时候吃饭即可，他们提倡"饥时食，渴时饮"。犹太人认为不按时进餐的人就会容易引起胃部不适。有位拉比曾经这样教育自己的孩子："早起床，先吃饭，夏天是因为热，冬天是因为冷。记住那句谚语'早饭吃得早，比谁都能跑'。"目的就是让孩子合理安排进食时间以及培养孩子的自律能力。

3. 正确的进餐姿势

犹太人在吃饭的时候尽量不说话，以免食物进入气管，造成危害。在犹太人的家庭里绝不允许孩子在餐桌前边打闹边吃饭，进餐时一家人必须专心致志地吃饭。这种良好的进食习惯有助于食物的吸收和消化，保护孩子的肠胃。

这些都是在犹太孩子很小的时候父母就告诉他们的饮食规则，目的就是培养他们良好的饮食习惯。一旦这些好习惯形成，便会对孩子一生的健康产生非常有利的影响。作为父母，我们不妨借鉴一下犹太父母的做法，从小给孩子灌输一些健康的饮食习惯和思想，让孩子健健康康地成长。

犹太人特有的餐桌文化

犹太人非常重视进餐气氛，这是他们餐桌文化中的传统习惯。每
一个犹太人，都要遵守这样的传统。他们认为，一家人在一起进餐可
以培养家人之间的感情。所以，犹太父母从小就培养孩子学习餐桌礼
仪，因为一个人在餐桌上的表现也是他的素质和教养的体现。

犹太孩子到了一定的年龄后，父母就会让他们上餐桌一起进餐，
一旦开始实施，孩子今后就一定要遵守上餐桌进餐的习惯，哪怕是家
里有十分重要的客人，孩子也一样与客人一起进餐。这种餐桌文化的
培养，使犹太孩子从小就能在餐桌上表现得得体而有礼貌。

查尔斯总能给别人带去欢乐，所以很讨人喜欢。有一天，查尔斯的

心情不太好，因为手工课上他制作的小船被同学们嘲笑说像个汉堡。

晚上吃饭的时候，查尔斯表现得很沉闷，吃饭也不认真。妈妈看着查尔斯闷闷不乐的样子，便对他说："孩子，吃饭的时候不要想其他的事情。进餐的时候一定要专心，细嚼慢咽，保持心情愉悦，这样才有助于食物的消化吸收。否则影响了进食，会对身体健康有危害。所以，有什么事情吃完饭后告诉妈妈，不管什么事情，我都会帮助你的。"

查尔斯听了妈妈的话，开始好好吃饭。饭后妈妈了解了查尔斯在学校的情况，于是教会了查尔斯叠漂亮的小船，查尔斯又变得开心起来。

正是妈妈的这种教育，使查尔斯在今后的进餐中不再被任何事情打扰，且渐渐懂得没有什么事情比健康更重要。一般来讲，犹太父母对孩子进行的餐桌教育主要有以下两个方面。

首先，遵守最基本的餐桌礼仪。犹太父母一般会最先教孩子分清长幼尊卑，要对长辈恭敬有礼，礼貌相待，进餐开始和结束时都要与人打招呼；且在进餐时不能打闹；在家里有客人的时候，要懂得交流。通过餐桌文化，既能加深家庭成员的感情，又能增强孩子与人际的能力。

其次，尽量不要缺席。犹太人非常注重家庭生活，他们认为，只要有时间就应该和家人一起用餐，而不应该经常缺席。这样可以增进彼此间的感情，增强家庭的凝聚力。这种氛围能够很好地培养孩子对家庭的浓厚感情，有助于孩子尊重父母，遵守传统，发扬犹太民族精神。

犹太家庭特殊的餐桌文化培养了孩子的家庭归属感，同时也培养了孩子的民族向心力，使得整个犹太民族具有极强的凝聚力和团结精神，正是这种精神成就了犹太人今天的辉煌。

锻炼可以除掉大多数坏习惯带来的损害，大多数人都遭受着这样的损害。

——犹太箴言

热爱运动好处多

运动能使人获得健康。犹太父母经常教育孩子不要沉湎于有损健康的习惯，而要多进行体育锻炼来增强体质。

在犹太父母看来，无论进行哪一种体育锻炼，只要孩子能坚持下去，就会起到强身健体的作用，而且还可以让孩子的头脑更清醒、忍耐力更强。因此，犹太父母主张孩子至少要培养一种自己感兴趣的体育项目来锻炼身体，享受生活的乐趣。比如，玻尔的爸爸就希望玻尔能喜欢上足球运动：

周末，玻尔的爸爸穿上一身运动装，正准备出去踢足球。4岁的玻尔好奇地看着这一幕，问道："爸爸，你要干什么去呢？"

爸爸蹲下说道："爸爸要出去和朋友们一起踢足球，你要一起去吗？"

"哦，爸爸，踢足球比看动画片更好玩吗？"4岁的玻尔眨着眼睛说道。

爸爸笑着说："玻尔，你能告诉我动画片里的大王是什么样子的吗？"

"大王很勇猛，拥有强壮的身体，身边的小动物们都比不过他。"玻尔努力地回忆着。

"儿子，踢足球是一项强身健体的运动。它可以让你像大王一样，拥有强壮的胳膊和有力的大腿，要不要一起去呢？"

"嗯，我也要拥有强健的身体，比达卡和约瑟夫都强壮。"玻尔使劲点了点头。

"好的，那咱们走吧。"

其实，玻尔的父亲重视孩子在运动方面的启蒙教育，就是想让他今后有一个健康的体魄，这也正是许多犹太父母的共识。他们认为，无论孩子今后从事什么工作，健康的身体是基础。它能使你全身心地投入工作而没有后顾之忧，运动则是强健体魄的有效方式之一。

犹太物理学家普朗克一生最爱的运动是登山，80岁之前他征服了欧洲最高的山峰——阿尔卑斯山。长年的运动使普朗克拥有强健的体魄，直到84岁，他依然身体健康，能够和年轻时一样投入地工作。可见，经常进行运动锻炼可以使人保持清醒的头脑和乐观的态度，有助于人们取得成功。

所以，在犹太家庭中，父母都很注重培养孩子热爱运动的好习惯。因为经常参加体育运动对孩子有很多益处，除了能让孩子的身体健康成长之外，还可以促进孩子的智力发育，培养孩子良好的个性，以及调节孩子的情绪，使孩子能够快乐成长。那么，犹太父母是怎样让孩子进行运动的呢？

首先，注重孩子身体的全面锻炼，犹太父母不但注意孩子身体各部分的协调发展，而且对孩子力量、速度等身体素质方面的发展，以及培养孩子跑、跳等方面也十分注重。通过这些锻炼来培养孩子的机敏、果断、吃苦耐劳、沉着冷静等品质，使孩子在拥有一个强健身体的同时，也拥有坚强的意志和良好的品格。

其次，让孩子适度地进行运动。犹太父母认为，体育锻炼并不是时间越长，效果越好，也不是运动强度越大越好。体育锻炼要遵循人体的生理机能规律，所以要根据孩子的身体发展状况，来制订合理的体育锻炼强度和运动时间，科学地安排孩子的体育锻炼。

我们常说："生命在于运动。"因此，我们要像犹太父母一样重视孩子的体育锻炼，给孩子一个健康向上的成长环境，让孩子全面发展。

一张弓如果一直绷着，即使是钢做的，也会失去弹力。

——犹太箴言

合理安排休息时间很重要

犹太人是很珍视时间的，但他们依旧懂得放松自己，因为他们知道再聪明的大脑，如果长时间紧绷，也会疲劳不堪。所以，犹太人为了保持良好的工作状态，总会在紧张中学会放松自己，这种习惯是他们从小就培养的。

犹太父母经常告诉孩子要学会张弛有度，知道什么时候该学习，什么时候该休息。每个人都应该懂得放松自己，学会在工作之余享受休息的快乐，犹太人很清楚这一点，他们提倡勤勉的生活态度，但不会盲目地让自己变成"工作狂"。在教育孩子的时候，犹太父母会通过故事让孩子知道如何合理地安排休息时间。

安娜期待地对妈妈说："妈妈，明天是星期天，让爸爸带我们去旅游吧。"

妈妈对安娜说道："星期天是让你休息和恢复精力的。如果你跑出去玩，身体会很累，这样就达不到休息的目的，会影响你下一周的学习，所以我们不出去玩，而是待在家里好好地休息，知道了吗？"

安娜继续解释道："妈妈，我不会影响学习的，老师说小孩子应该多出去旅游，增加见闻，那样有助于开阔视野、提高理解能力。所以旅游对我的学习和成长是有帮助的。"

妈妈心平气和地问道："安娜，请回答妈妈，去年暑假你是怎么过的呢？"

小安娜歪着头想了一会儿，说："去年暑假我和妈妈爸爸一起到英国划船了，我还和大本钟合了影。"

"所以，我们并不是不同意带你去旅游，而是要在保证你充分休息的前提下，带你去旅游，这样才能既保证开阔你的眼界，又不耽误你的学习。"妈妈耐心地说道。

"哦，妈妈，我知道了，我会好好休息的。"安娜听话地对妈妈说。

这个故事告诉我们，孩子该休息的时候就一定要先好好休息，然后再做其他的事情。犹太民族是一个非常懂得享受的民族，这体现在他们对节假日的重视上。在以色列，犹太人有许多假日，假日里，犹太人不谈论、不思考与工作有关的事情，而是全身心地娱乐和放松。比如，访问朋友，彼此交谈人生观以及艺术；与孩子相处，查看他们的作业，询问他们在学校里的情况。

犹太人大多数是商人，所以他们的特点就是很忙，只要他们愿意，干一辈子也干不完。但是，犹太人也非常注意自己的身体健康，而要保持身体健康就得需要休息。休息必然和工作冲突，怎么办？犹太人的选择是毫不犹豫地放弃工作，充分休息。

心理学家认为，人的意识具有持续性，如果没有休息好，在潜意识里，仍然会充斥着之前的电波。就如同收音机的音量，就算调成静音，他们的频道依旧没有改变，因此，犹太人认为，休息就和工作一样重要，在孩子需要休息的时候，父母应该将孩子从学习中释放出来，给他们一个轻松的环境。

犹太父母认为，如果孩子不能在休息的时候调整好自己的状态，就很难得到身心的放松。一位犹太拉比这样训诫学生："长时间学习时，每隔一小时应该休息一下，让你的心面向无边无际的世界。"因此，父母在教育孩子时，也应该向犹太人学习，要做到劳逸结合，才能有更好的弹性。

第九章
财商教育：犹太人卓越的经商远见

犹太民族的富商巨贾犹如天上的星辰一样繁多，这与他们从小注重财富的家庭教育是分不开的。在犹太人心目中，拥有智慧的多少是衡量能否赚到金钱的标准。他们深信，赚钱能力是可以后天培养出来的。

如果你懂得使用，金钱是一个好奴
仆；如果你不懂得使用，它就会变成你
的主人。

——犹太箴言

尽早培养孩子的金钱意识

　　犹太人在很小的时候，就被他们的父母灌输了这样的思想：上帝是看不见、摸不着的，而现实世界的金钱比精神世界的上帝更亲近些。犹太人一致认为金钱是他们世俗的上帝，世俗的上帝要比精神的上帝实在得多。犹太人对金钱的崇拜不亚于对上帝的崇拜，正是对金钱的这种崇拜，让犹太人赚取了世界上无数的财富。

　　在犹太人的思想中，赚钱是非常重要的，但是他们有很清醒的认识，绝不会为了钱而不择手段，他们利用诚信和头脑赚钱。"人有钱就会变坏"这种思想在犹太人看来是不恰当的。因为使人变坏的并不是金钱，而是人的贪婪。因此，对于父母来说，树立孩子的金钱意识对孩子今后的发展有着很大的影响。石油大王洛克菲勒就是一个典型的例子。

洛克菲勒出生于典型的犹太家庭，他的父亲经常用犹太人的教育方式来教育他。从他四五岁开始，父亲就让他帮助妈妈干各种力所能及的事情，然后给他一些零花钱。并且，父亲还把各种劳动都标上了价格，比如给父母做一顿早餐可以得到12美分。

当洛克菲勒再大一点的时候，他的父亲就不再给他零用钱，并告诉他如果想花钱就必须自己去挣。于是，洛克菲勒就到父亲的农场去帮父亲干各种活，挤牛奶、搬牛奶桶等。他把父亲交给他的这些活都用钱量化，然后记录在自己的账本上，过一段时间，就和父亲结算一笔钱。每到这个时候，父子两人就针对账本上的每一件工作的完成情况开始讨价还价，有时还会为一些细节争吵起来。

洛克菲勒6岁的时候把从父亲那里赚来的50美元贷给了附近的农民，并商定了利息和偿还的日期，到了时间他就去讨要，结果他收回了53.75美元。这令当地的农民觉得他很了不起，这样小的一个孩子居然有这么好的商业意识。

正是早期受到的对商业敏感的教育，使得洛克菲勒在以后的事业上顺风顺水，并取得了巨大的成功。后来，洛克菲勒也经常用这套犹太人的教育方法来教育自己的子女。犹太人对赚取金钱就是这样的狂热，他们会将金钱观赤裸裸地展现出来。一旦有了明确的目标，就会全身心地投入到赚钱的过程中。对犹太人来说，金钱是他们一生都在追求的东西。

那么，犹太父母是如何培养孩子的金钱意识的呢？

1. 告诉孩子钱是怎么来的

犹太父母认为，必须让孩子懂得金钱是需要用劳动换米的，比如，带着孩子在大街上观察，引导孩子注意交警指挥交通、小商户叫卖东西、出租车司机开车等劳动形式。告诉孩子这些人都是在工作，只有付出了劳动，才会得到金钱的报酬。父母可以让孩子了解自己的工作内容、工作方式等，适当时可以让孩子参加一些劳动。

2. 引导孩子正确使用金钱，合理有计划地消费

父母应该让孩子意识到，对于钱是不能过分贪求的，但也不应该过于吝啬，应该合理消费金钱。父母适当地给孩子一些零花钱，让孩子学会正确地花钱，教育孩子钱要用在重要的地方，比如引导孩子买文具、买书。父母还可以鼓励孩子把零花钱捐给灾区的小朋友，或是在长辈生日的时候买一份礼物，让孩子从合理消费中体会到乐趣。

3. 鼓励孩子自己学会赚钱

当孩子知道钱能带来好处时，一定是渴望金钱的。这时就要让孩子知道正确获得金钱的方式。古语有云："君子爱财，取之有道。"一定要让孩子知道，只有通过自己的努力和智慧获得的金钱，才能为他们带来真正的快乐。

对金钱的贪婪会腐蚀人的心灵，摧毁人类最宝贵的情感。

——犹太箴言

不要因为金钱而迷失自己

犹太民族是一个热爱金钱的民族，他们始终认为金钱可以为他们带来幸福。但是，他们从来不会为了金钱而迷失自己。他们不但自己能够做到这一点，还这样要求自己的孩子，让孩子树立正确的金钱观。

所谓金钱观，也就是对金钱的看法和态度，它与人生观一样重要，也是人生观的一种体现。比如，我们都知道，一个人有了钱才能买许多的东西，能够建立一个富裕的家庭，也能够过上舒适的物质生活。但是生活并不是有物质就够了，精神上的愉快也是必不可少的。正确的金钱观才能带来精神上的满足。

为此，犹太父母常常会给孩子讲一些有意思的故事，让他们懂得如何看待金钱。

在犹太人大流亡的时代，两个朋友在路上看到一位犹太拉比从丛林中惊慌失措地跑出来，惊恐不安地向他们说道："在那片丛林中，我看到一个吃人的东西。"

"你是不是说有一只老虎？"两个人不安地问道。

"不，要比老虎厉害得多，是我在挖一些药草时挖出来的一堆黄金。"犹太拉比说道。

"在哪儿？"两人赶忙问道。

"就在那片丛林中。"说完，犹太拉比就走了。

两个朋友立即跑到犹太拉比所指的地方，果然发现有一些黄金。"那个犹太拉比多蠢啊！竟把如此贵重的黄金说成是吃人的东西。"一个人说道。

另一个人开口道："让我们想想怎么办吧。在光天化日之下，现在就把它拿回村里是不安全的，必须在夜里偷偷拿回家去。我们留一个人在这儿看着财宝，另一个人回家去拿吃的吧。"

留下的人想："要是我一个人拿这些黄金该有多好啊！可惜还得把这些黄金分给朋友一半，我有一大家子人，需要得到全部黄金。只要他一来，我就用我的刀把他捅死。"

回去的人也在想："我为什么要把黄金分给他一半呢？我负债累累，连晚年的积蓄都没有，我不能分给他一半。我应该在饭里放上毒药，给他带去。"想好之后，他带着饭回去了。

他刚到那里，另一个人就冷不防地给了他一刀，当即结束了他的性命。然后说道："可怜的朋友，是一半黄金送了你的命。现在，我该吃饭了。"他端起有毒的饭吃了下去。半个小时后，他也一命呜呼了。他在临死时说道："犹太拉比的话多么对啊！"

这个故事告诉我们，迷恋金钱终会被金钱所害。犹太人认为，金钱就像镜子上面的那一层银一样，如果太过迷恋金钱，金钱就会转移人的视线，从而迷失了自己，成为金钱的奴隶，甚至牺牲自己的性命。

因此，父母必须教育孩子正确地认识金钱，学会用正当的手段去赚取金钱，让孩子做金钱的主人，去驾驭金钱。金钱是为人的生活服务的，只有让孩子从小接受这样的教育，他才会在拥有大量的金钱、热爱金钱的情况下，仍然迷失不了自己。

如果世界上所有的苦难都集中到天平的一端，而贫穷集中到天平的另一端，那么，贫穷将比所有苦难都沉重。

——犹太箴言

贫穷比苦难更加沉重

我们提倡"视金钱如粪土"，把金钱看作一种罪恶。而犹太人却相反，他们认为"贫穷才是罪恶"。或许这种观点有点过了，但贫穷至少说明一个人的能力低下。犹太人认为，一个富人比一个穷人更能得到他人的尊敬。

犹太人的人生观是以金钱为基准的，他们认为，每晚都能尽情、畅快地大嚼丰盛晚餐的人才是值得尊敬的。如果你学富五车，是一位天下知名的学者，就应该过着富足的生活。好莱坞的一位巨星告诫其子说："过奢侈的生活！大手大脚地花钱！始终记住不要按你的收入过好日子，这样能使一个人获得自信。但是，如果没有钱，这一切都只能是幻想。"所以，犹太人认为贫穷就是罪恶。

有这样一则故事：

有一个懒汉，他什么也不想做，就想着怎么不劳而获。一天，他听说有一种摇钱树，只要摇一摇就能从树上掉下钱来，于是他开始四处寻找。

好几个月过去了，他摇了上万棵树，可掉下来的都是叶子。途中，他向一位正在田间干活的农夫问道："老人家，你知道哪儿有摇钱树吗？摇钱树都长什么样啊？"

这位农夫说道："摇钱树上有两个树杈，每个树杈上有五个芽。"懒汉听了欣喜若狂。终于，他找到了这样一棵树，于是迫不及待地摇了起来，摇了半天只有树叶掉下来。他以为农夫骗他，就去找农夫算账。

后来，农夫说道："哪里有什么摇钱树啊！能摇钱的就是你这双手啊！只有凭借自己的双手才有可能赚到钱。"

贫穷往往是懒惰造成的，这个故事告诉我们，想要获得财富就必须依靠自己的双手，这也是犹太父母希望孩子明白的道理。因为事实告诉我们，勤劳才能创造财富。犹太父母非常注重把自己对金钱的理解和价值观灌输给孩子，让他们认识到金钱对人生的重要性。

在孩子3岁的时候，犹太父母就会向孩子解释金钱的用处，并向他们解释为什么和怎样购买商店里的各种商品，对孩子进行商品消费和售后服务方面的教育。比如，带孩子逛商店时，让孩子比较各种商品的价格，教孩子在购物时货比三家，这也是一个省钱的办法。向孩子说明金钱是必要的，金钱来自劳动，而不是通过魔术从自动取款机中变出来的。

在犹太家庭中，90%以上的孩子在不到10岁就理解了储蓄的意义，父母从小就鼓励孩子把他们收入的一部分储存起米。同时也教孩子做家庭预算，父母会向孩子解释用作家庭开销的一笔钱是怎样被分派到食物、穿着、公用事业等方面的，并要求孩子写下每个月各种家庭开销及他们自己的各种开销。

另外，犹太父母还会早早地教孩子学会自己赚钱。在他们看来，脱离贫穷的最好办法就是学会赚钱。所以，当孩子到了打工的合法年龄时，犹太父母就会让孩子自己出去工作赚钱。作为父母，我们也可以帮助孩子找一份安全、时间合理、劳动强度不大的事情做，让孩子明白拥有赚钱的能力才能脱离贫穷，走上致富之路。

金钱平等，因此人格平等，于是怀有赚大钱的欲望才好。金钱对于任何人来说，都是平等的，它没有高低贵贱的差别。

——犹太箴言

钱就是钱，与高低贵贱无关

在孩子刚懂事的时候，犹太父母就会给他们灌输这样的观念：金钱是上帝赐予的最好礼物，它能够为人们提供各种机会，带来各种快乐。同时，犹太父母还教育孩子对金钱要持开放的态度，只要能赚钱，不管是哪个国家的人，不管他们有着怎样的信仰，都可以成为交易的对象。因为金钱是没有好坏、贵贱之分的。

犹太父母经常给孩子讲这样一个故事：

有一位演讲者在公众场合演讲，他拿起50美元，高举过头顶说道："看，这是50美元，崭新的50美元，有谁想要？"结果所有的人都举起了手。

然后，他把这张纸币在手里揉了揉，纸币变得皱巴巴的，接着又问观众："现在有人想要这50美元吗？"所有的人又都举起了手。

　　他把这张纸币放在地上，用脚狠狠地踩了几下。纸币已经变得又脏又烂了。他拿起钱来，又问："现在还有人想要吗？"结果还是所有的人都举起了手。

　　于是他说："朋友们，钱在任何时候都是钱，不会因为你揉了它，把它踩烂，它的价值就会有任何的变化，它依然可以在商店里花出去。"

　　为什么钞票揉皱了、踩脏了，还是有人要呢？因为钞票就是钞票，它没有高低贵贱的区别。它不会因为受到了好的或是坏的"待遇"就产生差别。只要它和其他钞票面值相等，无论是新的还是旧的，它的价值都是一样的。

　　犹太父母从小就灌输孩子这样的观念：不要认为做小生意是自卑的，因为所有的生意都是由小做到大的。那些开口闭口要做大事业，而看不起小生意的人，往往只是夸大其词，最终一事无成。所以在犹太人的经商历史中，他们不会喜"大"厌"小"，他们认为"钞票不问出处"。

　　在犹太人的赚钱观念中，他们丝毫不认为靠苦力来赚钱就显得低贱，而当老板、经理就显得高贵。钱在谁的手里都是钱，而不会在别人手里就不是钱了。

　　所以，犹太人在赚钱的时候，他们不会因为自己目前所从事的职业低贱而感到自卑。即便是从事在外人看来低贱的职业，他们也能保持平和的心态。正是因为犹太人对金钱的这种认识，使得犹太商人在投机时，对于所借助的东西不存在一点感情，只要有利可图，且不违法的事情，就充分地利用起来。

犹太人认为"金钱无姓氏，更无履历表"。他们坚信不管通过什么方式、什么途径，只要是通过自身辛勤劳动合法赚来的钱，都是心安理得的。这一点也是值得我们学习的，我们应该告诉孩子的是：要通过合法的途径和自己的劳动去获取金钱！

金钱不神圣，不是高不可攀的圣物。

——犹太箴言

把赚钱当作一种游戏

犹太人在孩子很小的时候就对他们进行金钱教育，让孩子掌握赚钱的本领。但是他们也会告诉孩子金钱就如同衣服一样，不过是一件有用的物品而已，应当对金钱秉持一种平常心。如果看得过重，就会成为金钱的奴隶。

有许多犹太富翁，他们手中掌握着数以百万、千万，甚至上亿财富的时候，他们感觉手里拿的不过就是一堆纸张而已，并不觉得这就是可以时刻给人带来祸福安危的东西。如果他们把金钱看得太重，赚钱的时候就会放不开手脚、顾虑太多，也就无法赚到钱了。

所以，要想赚钱，就绝对不能给自己增加心理负担，而是应该以从容、冷静的心态去面对。对金钱不感兴趣自然赚不到钱，然而过分地追求金钱也会让自己背上沉重的包袱。摩根的赚钱观可谓是最好的案例了。

著名的金融家摩根的赚钱观念就是把赚钱当作游戏，他绝不让赚钱变成一种沉重的负担，而是一种新鲜刺激的游戏。他认为以游戏的心态去赚取金钱，才是最佳的赚钱心态。

在外人看来，摩根赚钱已经达到痴迷的程度，事实也确实如此。他一直保持着一个习惯，每当黄昏的时候，他就到小报摊上买一份载有股市收盘情况的报纸回家阅读。当他的朋友都在忙着思考怎样娱乐的时候，他则说："有些人热衷于研究棒球或者足球的时候，我却喜欢研究怎么赚钱。"

在谈到投资的时候，摩根总是说："玩扑克的时候，你应当认真观察每一位玩者，你会看出一位冤大头。如果看不出，那这个冤大头就是你。"

摩根从来不乱花钱去做自己不喜欢的事情。他总是琢磨赚钱的办法。有的同事开玩笑说："摩根，你已经是百万富翁了，滋味如何？"摩根的回答让人玩味："凡是我想要的而又可以用钱买到的东西，我都能买到。至于其他人所梦想的东西，如名车、名画、豪宅等，我并不想得到。"

摩根并不是为金钱而活的人，他甚至不需要金钱来装饰他的生活。他喜欢的仅仅是一次次投入资金，又一次次地通过自己的智慧把钱赚回来的感觉，他喜欢这种刺激。摩根说："金钱对我来说并不重要，而赚钱的过程，也就是不断地接受挑战才是乐趣，不是要钱，而是赚钱，看着钱滚钱才是有意义的。"

摩根就是这样一个把赚钱当作游戏的人，这也是犹太人推崇的赚钱心态。他们只把金钱当作一种很好玩的物品，金钱则刺激着每一个人去高度地投入。人们投入资金的时候就是投入了一次次危险但又有趣的游戏中，他们乐此不疲地进行着这种游戏。

犹太人这样形容自己：在赚钱的时候你就进入了一个游戏的世界。作为游戏的参与者，你要不停地和对手进行较量和角逐。你要采用一切办法和手段来胜过其他人，你要超越所有的人才可以赢得最后的胜利。

这就是犹太人对赚钱的态度，他们视钱为平常物，视赚钱为游戏。他们坚信，唯有如此，才能成就巨大的财富。在我们的传统教育中，也教导人们要视金钱如粪土。可见，正确地看待金钱有利于孩子的健康发展，我们不妨把犹太人的这种赚钱观念传授给孩子，让他们今后能以一颗平常心去赚取财富。

在和别人合作的时候，即使撤销合同，也要坚持确保双赢的经商原则。

——犹太箴言

双赢，是获取财富最聪明的做法

犹太人的经历练就了他们喜欢竞争的个性，这种精神在商业中得到了充分的体现。但另一方面，他们又有着自己的原则，不会一味地争斗，因为他们很清楚，争则两败俱伤，合作才能产生共赢。任何一笔生意，只有双方都能获得利益，才有继续合作的可能。

所以，犹太人在教授孩子经商知识的时候，会告诉他们，在和对方合作的时候，即使撤销合同，也要坚持确保双赢的经商原则。为了给孩子灌输这一理念，犹太父母经常给孩子讲雷曼兄弟和罗道夫的故事：

雷曼兄弟公司是19世纪50年代成立的一家美国犹太老字号公司。它的创业史具有相当传奇的色彩。

1844年，德国维尔茨堡的一个名叫亨利·雷曼的人移居美国，他在南方居住一段时间后，就和自己的两个弟弟——埃马努尔和迈尔一起定居在亚拉巴马州，并开始做起杂货生意。

　　亚拉巴马州是美国的一个产棉区，农民手里多得是棉花，但没有现金去买日用杂货。于是，雷曼兄弟就想到了用杂货交换棉花的方式。这样，农民得到了杂货，他们也获得了棉花。

　　这种方式，似乎不符合犹太人"现金第一"的经营原则，但这是雷曼兄弟"一笔生意，两头赢利"的绝招。这种方式不仅吸引了所有没有钱买日用品的顾客，扩大了销售，而且有利于雷曼兄弟降低棉花价格，提高日用品的价格，并且在杂货店进货的时候顺便把棉花捎出去，节省了运输费用。

　　这种方式很快使雷曼兄弟发展成了经营大宗棉花生意的商人。棉花典当成了他们的主要业务。美国南北战争期间，雷曼兄弟在欧洲大陆推销棉花。战后，他们在纽约开办了一个事务所，并于1877年在纽约交易所中取得了一个席位，成为一个"果菜类农产品、棉花、油料代办商"，从此走上了规模化发展的道路。

　　可见，精明的商人在做生意时，特别善于两头赢利。因为两头赢利的生意不但能使对方欢喜，更能为自己争取更大的利益。如果一个人光想着自己获利，不给对方任何好处，那么，当对方认为自己一无所获的时候，他便会义无反顾地与你断绝生意往来，这样的结果对双方都是得不偿失的。偏执的罗道夫就曾吃过这样的亏。

罗道夫在刚经营公司的时候，常常我行我素，想做什么就做什么，想怎么做就怎么做。因此，起初在他的意识中没有一点"一笔生意，双方赢利"这个概念。

有一次，公司开研讨会，罗道夫义正词严地发表着自己的论点，他认为竞争对手就是冤家，只有毁掉对手自己才能够生存。别人纠正他说做生意就应该和平竞争，相互促进，一起发展，从而产生双赢或多赢的效果。可是，罗道夫依旧坚持市场竞争中的对手就是自己的敌人，与对手分享胜利的果实是不会有什么大成就的。

后来，有人追根究底地问他原因，他坦白了自己的想法：

首先，在同行中，虽然大家都是在进行公平竞争，但同行之间存在保密性，他根本不会与你分享。而且同行之间彼此都在刺探对方的情报，然后神神秘秘地制定能够战胜对手的策略，给对手来一个突然的袭击。

其次，在同行中，谁都想为自己的企业获取最大的利润，总是想方设法地占领较多的市场份额，与对手争抢同一块蛋糕。

最后，市场终究会有饱和的一天，不可能容纳下更多的同行。为了自己的生存和利润，同行都会在心中打着算盘，想着怎样吃掉对方，给自己争取更大的生存空间。所以，以强制弱、以强灭弱是市场竞争的必然趋势。

罗道夫的这种行事方法，给他带来的后果就是许多合作伙伴的离去，使罗道夫在生意场上屡屡失败。后来，经过打击之后，他清醒了过来，认识到了双赢的重要性。这种改变使得罗道夫公司的产品获得了极高的认可，从而使他创造了奇迹。而这一切，都要归功于"双赢才能长赢"的经营理念。

双赢不仅是做生意的理念，更是做人的理念，犹太父母善于把这样的理念传达给自己的孩子，让他们在今后的经商活动中可以有一个能够长期生存、立足的基础。这也是我们所倡导的，一定要教会孩子合作共赢的理念，这是他们成就事业所必需的品质。

坑蒙顾客就是播种仇恨，微笑带来的则是滚滚财源。待每一个人都满面春风。

——犹太箴言

同分一杯羹，和气才能生财

我们常说无商不奸，在我们的印象中，商人给人的感觉都是奸猾的。犹太人却不这么认为，他们认为一个成功的商人不应该是严肃的、冷酷的，而应该是微笑的，微笑着面对生活、面对战场、面对你的敌人，你更能取得成功。

其实，微笑也代表着和气，和气才能生财，犹太商人对这点就深有体会。犹太商人之所以成功，是因为善于用"笑"来表现和气。如果你与犹太商人打交道，你会发现，在与他们谈判的时候，他们通常都是微笑着面对你。

犹太人在商业谈判上，一是非常守时，他们会准时地到达谈判地点，绝不让你等候，哪怕是一分钟；二是始终保持微笑，双方见面后，犹太人非常客气地向你问候，而且会一直保持着微笑与你交流。不过，他们的谈判条件往往很高，常常为了合同上的一个细节和你讨价还价，甚至变成激烈的争吵，最后不欢而散。

可是到了第二天，犹太人又会再次约你进行谈判，并且一扫前日争吵的不快，十分热情和真诚地与你交谈，态度变得和往日一样温和与客气。因为在犹太人看来，人的细胞代谢得很快，昨天吵架的细胞已经被今天的温和细胞代替，做生意是没必要记仇的。希尔顿就是这样一个深谙"和气生财"的酒店商人。

希尔顿是一个有名的旅馆业商人。当他的事业进入轨道，并赚到相当多的利润时，他自豪地告诉了母亲。母亲却不以为然，而且提出了新的要求："你现在与以前根本没有什么两样。事实上你必须把握住比几千万美元更值钱的东西。除了对顾客诚实之外，还要想办法使来希尔顿旅馆的人住过了还想再住，你要想出这种简单、容易、不花本钱而又行之久远的办法来吸引顾客。这样你的旅馆才有前途。"

"简单、容易、不花本钱而又行之久远"，具备这四个条件的究竟是什么办法呢？希尔顿为此冥思苦想了好久，仍然不得其解。

在他逛商店、住旅馆，从顾客的角度去感受时，他才如梦初醒——微笑，一个简单、容易、不花本钱而行之久远的服务方式。

他对服务员常常说的一句话就是："今天，你对顾客微笑了吗？"他要求每个员工不论如何辛苦，都不能将愁云挂在脸上。就这样，在经济大萧条中，无论旅馆本身遭受到什么样的困难，希尔顿旅馆的服务员脸上自始至终的微笑，成了旅客的阳光。

结果，经济萧条刚过，希尔顿旅馆就率先进入新的繁荣时期，跨进了黄金时代。

微笑是希尔顿成功的秘诀，他曾经说过："如果我的旅馆只有一流的设备，而没有一流的服务员的微笑的话，就像是一家永不见温暖阳光的旅馆，又有何情趣可言呢？"

希尔顿用微笑成就了其伟大的旅馆事业，用和气创造了巨大的财富。犹太人也推崇这一点，他们在长久的流离失所中，普遍形成一种"谦和"的耐性。犹太商人利用这种谦和，在经商中发挥"和气"的作用，这种和气的仪表，使人与人之间相互吸引、相互融合，成为商业活动中的一种促销手段。

为什么这样说呢？因为人与人之间是相互联系、相互影响的，彼此的和睦对事业影响很大。比如，企业家制造出来的商品或服务，有人喜爱才能赚钱发财，歌唱家进行的演唱精彩美妙才能得到观众的赞赏，这一切都离不开人。犹太人非常注重人与人之间的关系，同时在家教中也会灌输给孩子，因为和气是孩子未来成就事业和发财致富的必备品质。

只要能够正确使用，你的头脑就是
你最有用的资产。

——犹太箴言

学会用大脑和智慧去赚钱

西方有句名言："从人们思想中挖出来的金矿，超过从地下开采出来的黄金。"犹太人也这么认为，人的价值是脑袋，而不是手。他们在经商的时候常说："钞票有的是，遗憾的是你的口袋太小了。如果你的思维足够开阔，那你的钱包就会随之增大了。"

可见，犹太人做生意是极为精明的，他们善于用聪明的大脑去赚钱，让智慧不断地迸发，变成实实在在的钱。犹太人能成就无数的富翁，就在于他们能在别人习以为常的地方看到无限商机，并运用自己的聪明将它变成可行的赚钱方案。

犹太人对于赚钱，有他们自己的看法。他们认为，赚钱有三种方式：一是靠身体，二是靠体力，三是靠脑袋。出卖自己的身体是最可悲也是最下等的赚钱方式，靠出卖自己的体力赚钱则是其次，最上层的赚钱方式就是靠脑袋。犹太人向来就是靠脑袋致富，这在他们历史的早期就已经有所体现了。

1910年，大量的犹太人进入北美。刚开始的时候，他们与一起移民来的英国人、西班牙人、葡萄牙人一样，都是从事最简单的体力劳动。他们每10个人里有8个是体力工人，但是不久他们就都不干了。

对于犹太人来说，他们最初从事这些出卖体力的职业是由于遭受歧视、缺乏机会才不得不这么做。当他们有了基本的生存保证，就不再这样做了。因为这些工作既辛苦报酬又低微，而且不稳定，还会降低人的身份，这完全不符合犹太人的追求。

于是，他们依靠自己良好的教育背景纷纷去找那些体面、薪水报酬高的工作。过了几十年，他们中有不少人成了百万富翁。

到后来，每10个犹太人里就只有1个是蓝领工人了，其他的人都变成了有产阶级。在人们的眼里，每一个犹太人都成了重要的人物。而那些其他民族的人还是不得不继续卖力地挥动他们的锄头，汗流浃背地工作，以求每日的餐饭。

由此可以看出，财富绝对是靠智慧的大脑得来的，尤其是在今天越来越重视知识的年代，富有智慧的人们注定是这个世界的主宰者。就如犹太箴言说的那样："只要能够正确使用，你的头脑就是你最有用的资产。"

犹太人认为，用脑致富就是要学会思考，亿万富翁亨利·福特说："思考是世上最艰苦的工作，所以很少有人愿意从事它。"被犹太人视为致富导师的拿破仑·希尔在演讲中也反复强调"思考致富"，因为富人最大的一项资产就是他们的思考方式与别人不同。如果你做别人做的事，你最终只会拥有别人拥有的东西，独立思考才能拥有别人没有的东西。

犹太父母在教育孩子的时候，就非常注重对孩子头脑知识的武装，因为他们知道，大脑的智慧才是孩子一生的财富，通常他们会告诉孩子以下致富的技巧：

首先，让孩子学会精打细算。当然了，这不是教孩子吝啬，而是让孩子懂得钱要花在刀刃上，省去一些不必要的开支。同时让孩子学会观察生活，从精打细算中发现商机，从而加以利用。

其次，教导孩子不要因为赚钱而完全失去业余时间。犹太商人赚钱时，很少占用自己的休息时间，因为休息时间被占用就意味着寿命缩短。他们经常告诉孩子，身体健康才是革命的本钱，如果为了赚钱而把身体累垮了，是得不偿失的。所以，犹太父母从小教育孩子要珍惜自己的身体，不要疲于拼命地去赚钱。

最后，拓展孩子的人脉网。精明的犹太人很早以前就认识到人缘在事业上的推力，所以他们才会不惜血本，构建自己的人际关系网。当然了，人缘的功效不是立竿见影的，而是一种厚积薄发、左右逢源的人际渠道。因此，父母需要引导孩子拓展人脉，多交朋友，为日后步入社会打好基础。

第十章
享受生活：犹太人幸福快乐的秘诀

犹太人是非常懂得享受生活的，对于"人生的目标是什么"这个问题，他们有着自己的答案——热情地享受生活。犹太人推崇真实，即使有不好的念头，但只要不去做就是高尚的人。因此，犹太父母从小就教育孩子，只要遵循生活该有的原则，就可以尽情地享乐。

只有那些学到了智慧又能维持生计
的人，才算是选择了人生的正道，那是
一条能给选择者以他人之赞誉和荣耀的
道路。

——犹太箴言

劳动教育从两岁开始

两岁，是孩子发展自理能力、提高自主性的一个重要阶段。此时，犹太父母会尽量让孩子自己动手做一些力所能及的事情。因为在他们看来，孩子今后所取得的成绩与小时候的环境有直接的关系，他们所受的教育也与个人是否勤劳有关。因此，有意识地培养孩子的劳动习惯，对孩子今后的发展是大有裨益的。

哈佛大学曾对同一个地区的400名幼儿做过调查，得到的结果是：爱劳动和不爱劳动的孩子，成人以后的犯罪率之比为1∶10，失业率之比为1∶15，而爱劳动的孩子的平均收入要比不爱劳动的孩子高出20%左右，而且爱劳动孩子离异和患病的概率也很低。

所以，犹太人认为，只有精明和勤奋的人才能有所建树。因此，他们把培养孩子爱劳动的好习惯作为孩子全面发展的一个重要方面，当作早期幼儿教育的重要组成部分。他们利用幼儿期这个人类身心发展的重要阶段，对他们进行早期劳动教育，让孩子从小就养成"做自己力所能及的事"的好习惯，增强他们动手做事的信心和能力，培养他们的独立意识。

犹太父母常给孩子讲下面这个故事：

从前，在犹太的一个城镇里住着一个穷人。这个人上无片瓦，下无立锥之地，自己又无一技之长，没有谋生的手段，每天只有靠在城里乞讨度日，生活十分困窘。

城市很小，他天天在那几条街巷走来走去，讨的总是那几户人家。刚开始人们出于一种同情心，会给他一点残菜剩饭。时间长了，他来的次数多了，人们便开始厌烦他，再也不给他食物了。因此，他只有忍饥挨饿。

恰好在这个时候，有个马医因工作太多，忙不过来，需要找一个帮手。这个穷人便主动找上门去，请求在马厩里给马医打打杂工，以此换取一日三餐。

就这样，他再也不用沿街乞讨，晚上也不必漂泊流浪，安定地生活了下来。他的日子开始充实起来，干活也格外卖力。

虽然如此，也有人在一旁取笑他："马医本来就是一个被人瞧不起的职业，而你不过是为了混口饭吃，就去给马医打杂、当下手，这不是你莫大的耻辱吗？"

穷人平静地回答道："依我看，天下最大的耻辱莫过于寄生虫，过去我为了活命，连讨饭都不感到羞耻；如今能帮马医干活，用自己的劳动养活自己，又有什么耻辱呢？"

故事中，穷人的生活态度是正确的，劳动没有高低贵贱之分。犹太父母希望通过这个故事告诉孩子，在任何情况下都要自食其力。同样，犹太父母不仅仅通过故事让孩子明白这样的道理，更是在生活中进行实践。一位犹太母亲这样讲道：

我有七个孩子，家里条件很优越，但为了给孩子更多机会学习各种劳动技能，每年我都要在夏季带孩子到山里去住一段时间，让他们过山里人的生活：喂牛、砍柴、挖水渠、给牛建围栏、给马洗澡……

我每天都要给他们布置劳动任务，每个人分配不同的工作，让大一点的孩子挖水渠、建牛栏，让小一点的孩子照顾比他更小的孩子，这样做的目的是让他们在自己工作的范围内去发现问题、解决问题，学会如何战胜困难。

孩子们从山里回来后，增长了许多生活经验，认识了各种植物，他们比其他孩子知道得多，还会把在山里劳动学会的技巧和解决问题的方法运用到学习中去。还有重要的一点就是孩子们不怕吃苦了。

如今，我的七个孩子都已读完大学参加工作了，从他们的成长来看，我认为我带他们在山里生活的经历对他们有着积极的影响。

可以说，这位犹太母亲的做法是非常值得学习的，这种劳动实践既可以使孩子的神经系统、骨骼、肌肉及各部分器官都得到锻炼，同时也培养了孩子良好的社会公德。犹太父母通常在幼儿时期通过以下几个方面对孩子进行劳动教育：

首先，固定孩子的劳动岗位。比如给孩子确定一个长期固定的劳动岗位，如洗碗、铺自己的床等，并规定具体的标准。孩子完成得好，给予一定的奖励；孩子有意逃避劳动，则与其交谈，了解其心理状况，视具体情况加以解决。

其次，随时教授孩子劳动技能。虽然孩子很喜欢跟在大人的身后做一些事情，但由于年龄小，做事常常会越帮越忙。这时父母不应责备，更不要由此叫停，而应耐心教给他一些技巧。

最后，无论孩子做得如何，都要多给予他赞许和鼓励，让孩子知道他所做的事对全家有很大的帮助，他是家里不可缺少的一份子，或者是让他感到他所做的每件小事你都注意到了。虽然他年纪小、能力有限，但是没有关系，熟能生巧，多鼓励他就会做得更好。

人们总在享受幸福和欢乐，只不过有时是这些人，有时是另外一些人。

——犹太箴言

如何生活由自己决定

犹太人是非常懂得享受生活的，诸如"人生的目标是什么"这样的问题，可谓不同国度的人有不同的答案，不同时期的人也有不同的答案，犹太人自然也有他们的答案。

倘若你以为他们的答案是"赚钱"，那就大错特错了。他们的回答很干脆："人生的目标就在于热情地享受生活。"这就是犹太人的人生观。犹太人认为，生活是由自己决定的。

詹姆斯是美国一家餐厅的经理，他总是有好心情。当别人问他最近过得如何时，他总是有好消息可以说。他总是这样回答："如果我再过得好一些，我就比双胞胎还幸运了！"

当他换工作的时候，许多服务生都跟着他从这家餐厅换到另一家，为什么呢？因为詹姆斯是个天生的激励者，如果有某位员工今天运气不好，詹姆斯总是适时地引导那位员工往好的方面想。

这样的情景让约翰很好奇，于是他去拜访詹姆斯，说："没有人能够老是那样积极乐观，你是怎么做到的？"

詹姆斯回答说："每天早上我起来告诉自己，我今天有两种选择，我可以选择好心情，也可以选择坏心情，而我总是选择好心情。如果有不好的事情发生，我可以选择做个受害者，或是选择从中学习，而我总是选择从中学习。每当有人跑来跟我抱怨，我可以选择接受抱怨，或者指出生命的光明面，而我总是选择指出生命的光明面。"

"但并不是每件事都那么容易啊！"约翰抗议说。

"的确如此，"詹姆斯说，"生命就是一连串的选择，每个状况都是一个选择——你要选择如何回应，你要选择人们如何影响你的心情，你要选择处于好心情或是坏心情，你要选择如何过你的生活。"

生活永远存在两面性，詹姆斯选择了乐观的一面，这样的生活方式让他每天都处于快乐之中。犹太人渴望的正是这样的生活，他们即使遭受厄运也从不放弃，而是乐观地接受一切。这种意识深深地影响着他们的家庭教育，父母经常告诉孩子要积极地面对生活。

首先，不要抱怨生活。犹太人认为，出身、外表是无法选择的，如何生活却是自己可以做出选择的，父母应该引导孩子明白这样的道理。比如，一些孩子整天为一些鸡毛蒜皮的小事闷闷不乐，抱怨别人个子高、体育好、有人缘等，这种心态是不好的，父母应该引导孩子与其抱怨不休，不如将其转化为生活的动力，去完善自己。

其次，要懂得感恩生活。犹太人认为，感恩的孩子，心胸会更宽广，心智也更成熟。作为父母应该加强对孩子的感恩教育，让孩子意识到父母、老师、同学是他们人生中的重要人物，是陪伴他们成长的良师益友，同时也要感恩生活的苦难。感恩能让孩子辩证地看待生活，从中感悟人生的真谛。

最后，要热爱和享受生活。生活或许不能时时刻刻令我们满意，但这并不妨碍我们得到快乐。作为父母应该从身边的小事做起，教会孩子体会简单生活带来的快乐。比如，慢慢地享受一顿晚餐，细细品味食物带来的愉悦，和孩子一起躺在公园的草地上看蓝蓝的天空等，都是美好生活的体现。

所以说，对待生活应该像犹太人说的那样："你怎样对待生活，生活就怎样对待你。"把正确的生活态度教给孩子，比给孩子充足的物质更重要。一个热爱生活、珍惜生活、懂得感恩的孩子，一辈子都是幸福快乐的！

早上赖床，白天饮酒，傍晚闲聊，

人生就此轻易断送！

——犹太箴言

懒惰的人像粪便一样令人讨厌

犹太民族是一个勤劳的民族，这与他们特殊的历史息息相关。曾经的犹太人到处流浪，贫穷是他们的常态，正是这种极度恶劣的环境，让他们学会了勤劳努力地工作，因为如果不这么做的话，是无法生存下去的，勤劳是生存的必备条件。

犹太人从小就知道，如果不勤奋工作，就会没有食物，没有住所。所以，犹太家庭非常注重对孩子的勤劳教育。弗洛伊德就是一个勤勉的例子。

著名的心理学家弗洛伊德是犹太裔名人，在他6岁时，父亲就告诉他："1000多年来，犹太人一直处于被压迫、剥削、驱赶、羞辱及屠杀的悲惨境遇，依然能长期生存下来，犹太人甚至操纵着社区的、国家的，甚至全世界的银行、货币供应、商业以及经济，那是因为犹太人的勤勉和拼搏。"

在奋发图强的犹太式家庭教育的引导下，弗洛伊德产生了强烈的荣誉感，他说："我的父亲和母亲都是犹太人，我也很高兴自己是一个犹太人。我永远不会因为我是一个犹太人而感到羞耻，相反，我觉得自己继承并拥有了我的先辈们为保卫神殿而具备的那种蔑视一切的全部激情，我愿为历史上那个伟大的时刻献出我的一切。"

在这种犹太式荣誉感的激励下，弗洛伊德最终成为现代心理学的开创者。

犹太父母认为，勤勉或者懒惰并不是一个人天生的本性。人一生下来并不是辛勤的工作者，也不是天生的懒惰虫，大多数人的勤勉或懒惰都受到后天习惯、孩童时期的家庭环境以及所接受教育的影响。很多孩子在小时候就要从事繁重的劳动，一般犹太父母会这样安排孩子们的家务劳动：

3～4岁：把自己的脏衣服放进洗衣机，帮助父母收拾房间和玩具，协助父母把干净的衣物放好。

4～5岁：给家里的植物浇水，协助大人摆放和整理饭桌、洗碗、喂宠物。

6～8岁：取报纸，整理自己的房间。

9～10岁：擦洗家具，完成做饭的部分准备工作，洗衣服，擦地板，协助清理院子。

当然了，犹太父母的这些做法，并不是家庭缺少财富，也不是做父母的有意苛待孩子，之所以这么做，只是为了从小培养孩子艰苦自立的品格和勤劳节俭的美德。在他们看来，任何人做任何事都离不开勤奋，勤奋是获取成功的最主要的因素，是通往成功的必经之路。作为父母，应该从犹太人家庭的教育中获得启发，注重从小培养孩子勤奋的美德。

首先，培养孩子热爱劳动的习惯。犹太父母认为，孩子在家里跟其他成员一样，可以享受一定的权利，也应该履行一定的义务，所以孩子的零花钱都是通过自己的劳动换取的。父母要引导孩子做一些力所能及的事情，给予相应的回报会让他们产生成就感，有助于培养他们独立生活的能力和爱劳动的好习惯。

其次，对于家务劳动，不要让孩子养成挑选的习惯。比如，在面对一些不得不做又没趣的工作时，有些孩子经常噘嘴巴表示不愿意做，要么是觉得工作太难，要么就是觉得工作太简单，自己去做就是浪费时间，最后变成这个不愿做，那个做不了的“小懒虫”。因此，父母应该适当的说“不”，禁止孩子挑三拣四。

最后，在孩子能做的事情上，父母不妨“偷懒”一下。孩子能做的就让孩子自己去做，这样不仅有利于培养孩子勤奋的习惯，还能培养孩子的动手和自理能力。放手让孩子自己成长，是一种高明的教子方法。

总之，勤劳是成功的一把钥匙，只有具备了勤劳这种可贵的品质，孩子才能自强不息。所以，父母一定要纠正孩子身上懒惰的恶习，要让孩子知道只有努力劳动才能有所收获。

家庭是一个神圣的地方，从和睦友
爱的家庭中走出的孩子，更容易获得成
功和获得丰厚的报酬。

——犹太箴言

给孩子一个和睦的家庭

犹太人认为家庭氛围是家庭教育中不可缺少的要素，是孩子热爱
生活的土壤。不同的成长环境，往往会在孩子身上造成不同的影响。
虽然犹太人经历过颠沛流离的生活，但是他们会尽量给孩子提供一个
和睦而温馨的家庭气氛。比如父母相亲相爱，在孩子面前不吵架、不
斗嘴，家庭成员关系和谐等都是一个和睦家庭应该具备的。

在犹太人中，流传着上有这样一个故事：

在以色列某地，有两兄弟，哥哥已经结婚生子，弟弟还是单身汉。
父亲死后，他俩平分了父亲的遗产。

苹果和玉米丰收之后，兄弟俩把它们公平地分成两份，储存在各自

的仓库里。

弟弟想，哥哥是有妻室的人，开支较大，生活肯定有难处，而自己单身一个，不应该平分收成，便在夜里把自己分得的收成搬一些到哥哥的仓库里。

哥哥也在想，自己已有妻儿，年老之后有人侍奉，弟弟仍旧孤单一人，应该为他储备积蓄，以供结婚和养老之用。哥哥这么想着的时候，也在夜里把自己所分得的收成装进麻袋，悄悄地往弟弟仓库里搬。

第二天，两人去仓库时，惊讶地发现仓库里的东西跟前一天相比，并没有减少。虽然心中纳闷，但脸上并没有表现出来。

第二天晚上和第三天晚上，兄弟二人仍然重复着前一天晚上所做的事。

在第四天晚上，兄弟俩在搬运途中不期而遇，当他们发现彼此之间竟是如此关心对方时，连忙放下手中的东西，感动得相拥而泣。

这个故事体现了兄弟之间的情谊，他们都为彼此着想。犹太人希望自己的家庭也能如此，所以，他们非常重视家庭的和睦，经常教导孩子要像故事中的兄弟一样，彼此关爱、互相帮助。虽然有时候为了家庭的和睦需要做出一些牺牲，但这也是值得的。美雅拉比就是这样一位甘于为了别人的家庭而牺牲的出色女性。

美雅是一位演说家，每周五晚上，她都要在礼拜堂里宣讲教义，听者数以百计。其中有一位妇女对美雅的口才佩服得五体投地，为之着迷不已。

通常，周五晚上，犹太妇女都要在厨房准备安息日的饭菜，但是这位崇拜美雅的妇女，每次都到教堂听讲而耽误了家里的事。

有一天，这位妇女听完讲道回到家时，发现丈夫怒气冲冲地在门口等她，看到她就暴跳如雷地骂道："明天就是安息日了，饭菜还没有准备好，你到哪里去了？"

妇女回答道："我到教堂去听美雅拉比讲道了。"

丈夫气急败坏地说："除非你往拉比的脸上吐一口痰，否则你休想再进这个家。"

消息传到美雅拉比的耳朵里，她深感不安，因为自己讲道时间过长而破坏了一个家庭的和睦。自责的同时，她邀请这位妇女到自己家中，对她说："我的眼睛很痛，用水洗一洗也许会好一些，请你替我洗一洗。"

这位妇人听后非常生气，以为美雅是在调戏她，就朝美雅的眼睛上吐了一口痰。

后来，弟子们问美雅："您是一位尊贵的受人尊敬的拉比，怎能甘受侮辱而不声不响呢？"

美雅说："只要能挽回一个家庭的和睦，任何牺牲都是值得的。"

美雅牺牲了自己的尊严，却能让别人家庭和睦。在犹太父母看来，这是值得孩子学习的，不过他们也有着自己的办法，比如在创造优良的家庭环境时，犹太人就特别注重以下几点：

1. 提高自身的思想道德素质

对于孩子的言行举止，犹太父母会严格规范，比如在孩子面前，他们会告诉孩子哪些话可以讲，哪些行为要约束，哪些习惯要改变，犹太父母都有明确的认识，然后将这些为人处世的道理传授给孩子，让他们懂得如何维护家庭的和睦关系。

2. 合理地爱孩子

犹太父母有着科学的家教理念，他们不允许自己的观念落后，更不能忍受自己放纵孩子，培根说过："你知道什么方法可以让孩子变得不幸吗？这个方法就是你对他百依百顺。"犹太父母认为，尽责的父母，在关爱孩子的同时要讲究策略，要爱中有严。

3. 打造良好的心理氛围

犹太父母经常坐下来和孩子沟通，了解孩子的想法和心理状态，这样才能及时地疏导孩子的心理障碍。他们认为只有平等、理智、坦率，才能使家庭和睦起来，而任意地发泄，将导致家庭的不和谐。

不论孩子对我们多么重要，他们最终也不属于我们。

——犹太箴言

犯错误与改正错误一样可贵

孩子有改正错误的权利，也有犯错的权利。在不同的年龄段，孩子的能力不同，一旦孩子在某一方面表现较弱，犯一些错误也是正常的。犹太人认为，我们应该像对待成人一样对待和尊重孩子，对他们犯的错误要进行必要的管教。

有这样一个古老的犹太故事：

从前，有几位拉比遇上了一群在押的坏人，押运人员说："这些人狡猾、残忍。"一位拉比说道："这样的人最好是掉进水里溺死算了。"

另一位拉比说："不，只要改正了，他们就可以洗心革面，成为一个'新人'。"

"是的，人会犯错，但只要勇于改正，就能成为一个受欢迎的人。"又一个拉比说道。

可见，犯错并不可怕，可怕的是不加以管教，这正是很多父母的弱点。比如，有的父母对孩子放任不管，相当于在浪费孩子宝贵的生命，也有的父母过分呵护孩子，同样是给孩子的人生布下了陷阱。能够认识到这一点的父母，会要求孩子从小学会自己的事情自己做。

当然了，更多的父母不会这么认为，他们宁愿自己受苦，也不让孩子试着去做自己的事情，总是不辞劳累地替孩子完成。最后的结果却是，孩子在不知不觉中丧失了动手的能力，而这种能力丧失的后果，往往是使孩子犯下更多的错误。

所以，犹太父母认为，应该培养孩子敢于犯错误、敢于失败的精神。孩子与成人有一样的权利，对于孩子来说，敢于犯错误与改正错误一样珍贵。父母只有鼓励孩子，放手让孩子去做力所能及的事情，才能培养出孩子的自信心和独立精神。

比如，在家庭中，父母可以鼓励孩子帮助自己收拾桌子、清洗地板、收拾屋子、洗涮碗筷等；也可以让孩子自己料理自己的生活，比如穿衣服、洗衣服等。哪怕孩子干得十分糟糕，父母也要对孩子的劳动加以肯定与鼓励。

孩子只有通过犯下的错误，才能认识到自己的不足。孩子的好奇心比较重，很多时候犯错误都是不经意间犯下的。比如，看到美丽的花瓶就忍不住想鉴赏一番，可是一不小心打碎了。这个时候，不应该责骂孩子，而是和他一起清扫碎片，并告诉他瓷器为什么容易碎，这样才能让他在今后不再犯同样的错误。

　　孩子需要一个空间去成长，去试验自己的能力，并且利用自己的能力去应付社会。父母不应该过多地帮助孩子，过多地为孩子分担事务，这样只会剥夺孩子自由发展的能力，剥夺孩子自立、自强的精神与信心。

　　总之，孩子只有经历一些挫折和错误才能更好地成长，一个人犯错误是在所难免的，犯错并不可怕，怕的是不知羞耻、不知进步。作为父母，要容许孩子犯错，并帮助孩子改正，这样才能使他们有所进步。

懂得分享的孩子，才会快乐

犹太民族是一个非常精明的民族，他们的精明甚至让人难以觉察。不过即便如此，他们也会在自己拥有美丽和高贵的时候，把美丽和高贵拿出来与邻人、朋友一起分享。因为他们认为，只有这样做才能在无形中保持自己的美丽和高贵。

在犹太人中流传着这样一个古老的故事：

一位犹太教的长老酷爱打高尔夫球。在一个安息日，他仍然无法克制自己，但犹太教义规定，信徒在安息日必须休息，什么事都不能做。这位长老忍不住，偷偷地去了高尔夫球场。由于安息日犹太教徒都不出门，球场上一个人也没有，因此长老觉得不会有人知道他违反规定。

然而，长老在打第二个洞时，却被天使发现了，天使生气地到上帝面前告状，说某某长老不守教义，居然在安息日出门打高尔夫球。上帝听了，就跟天使说，他会好好惩罚这个长老的。

　　从第三个洞开始，长老打出超完美的成绩，几乎都是一杆进洞。长老兴奋莫名，到打第七个洞时，天使又跑去找上帝："上帝呀，你不是要惩罚长老吗？为何还不见有惩罚？"上帝说："我已经在惩罚他了。"

　　直到打完第九个洞，长老都是一杆进洞。因为打得太神乎其技了，于是长老决定再打九个洞。天使又去找上帝："到底惩罚在哪里？"上帝只是笑而不答。

　　打完18个洞，长老的成绩比任何一位世界级的高尔夫球手都优秀，这可把长老乐坏了。天使很生气地问上帝："这就是你对长老的惩罚吗？"上帝说："正是，你想想，他有这么惊人的成绩以及兴奋的心情，却不能跟任何人说，这不是最好的惩罚吗？"

　　的确，无论是人生中的快乐还是苦难，都需要与人分享。没有分享的人生是孤独和痛苦的，只有分享的人生，才能充满快乐。人生丰富多彩，与他人分享快乐，才会让多彩的人生一路延伸。犹太人很清楚，只有懂得分享才能使生活充满希望和快乐。

　　在很久以前，有一群人途经一个大沙漠，虽然他们做好了充足的准备，但不幸的是，他们迷路了，一天，二天，三天……

　　时间一天天过去，许多人饿死了，累死了，更多的是渴死了。最终只剩下了两个人，还有一瓶水和一块饼，两人在饥渴交加的时候没有忘记与对方分享，他们不离不弃，决定将饼掰开吃，水分着喝。

他们就这样艰难地维持着各自的生命，相扶持着慢慢寻找出路。最终，他们相互鼓励，找到了一支穿越沙漠的驼队，他们因此获救，完成了这段沙漠之行。

这两位幸存者之所以能够摆脱厄运，与其说是寻找到了救援的队伍，不如说是他们自己救了自己，因为他们懂得在合作中分享，而不是只考虑自己的利益。人在极端危险的处境中，选择了自私就选择了死亡，而选择了分享，就选择了生存，甚至收获更多。

如今，许多孩子都是独生子女，被父母宠爱着，他们的自我意识强而分享意识差。因此，父母一定要改变孩子的态度，要让孩子明白分享的重要性，因为分享能带来新奇、快乐和幸福。犹太父母就非常善于培养孩子的分享意识。

首先，犹太父母不对孩子搞特殊化。在犹太家庭中，父母会形成一种"公平"的态度，这对防止孩子滋长"独享"意识有积极的意义。父母教导孩子既要想到自己也要想到别人，懂得人与人之间相处是建立在平等的基础之上的，让孩子明白好东西应该与大家一起分享，不能只顾自己而不顾别人。

其次，鼓励孩子与他人分享，并在分享中获得互利。犹太父母认为，要积极创造机会让孩子与他人分享。许多孩子之所以不愿意与别人分享，是因为他们觉得与他人分享了就意味着失去，这时候父母应该引导该子，告诉孩子分享体现了自己的大度与关怀，当孩子做出分享的行为时，父母应该给予及时的鼓励和赞赏，让孩子感受到分享的快乐。

与孩子一起写备忘录

在犹太人的家庭里，孩子到了一定的年龄，大多数父母就开始要求孩子写生活备忘录。因为记录生活中的点滴，有利于引导孩子有条理地安排自己的生活，在处理琐事的时候可以处于主动的地位。虽然写备忘录看起来是一件很不起眼的小事，但它对于培养孩子生活的好习惯是十分重要的。

洛克菲勒在教育子女方面就非常严格，他从小就锻炼孩子吃苦和独立的能力。虽然他建立了自己的金钱帝国，但他绝不随意消费这些金钱，他只把自己当作帝国的管理者，而不是拥有者。他的儿子约翰·D.洛克菲勒继承了他的这些优点，把教育孩子写生活备忘录作为家族不可丢弃的传统，他曾与自己14岁的孩子签下了这样一份备忘录：

1. 从5月1日起，零用钱起始标准为每周1美元50分。

2. 每周末核对账目，如果当周的财政记录让父亲满意，下周的零用钱上浮10美分。

3. 每周末核对账目，如果当周的财政记录让父亲不满意，下周的零用钱则下调10美分。

4. 在任何一周，如果没有可记录的收入或支出，下周的零用钱保持在本周水平。

5. 每周末核对账单时，如果当周的财政记录合乎规定，但书写和计算不能令父亲满意，下周零用钱保持本周水平。

6. 父亲是零用钱水准调节的唯一评判人。

7. 双方同意至少20%的零用钱用于公益事业。

8. 双方同意至少20%的零用钱用于储蓄。

9. 双方同意每项支出都必须清楚、确切地被记录。

10. 双方同意在未经爸爸、妈妈或家庭教师的同意下，不可以购买商品，并向爸爸妈妈要钱。

11. 当双方同意购买零用钱使用范围以外的商品时，必须经得爸爸、妈妈或家庭教师的同意，然后给予足够的资金，找回的零钱和标明的商品价格、找零的收据必须在购买商品的当天晚上交给资金的给予方。

12. 双方同意不让任何家庭教师、爸爸的助手或他人垫付现金（车费除外）。

13. 对于存进银行账户的零用钱，其超过20%的部分（见第8条），爸爸将向其账户补加同等数量的存款。

14. 以上零用钱公约细则长期有效，直到签字双方同时决定更改内容。

在我们看来这样一份备忘录或许很不可思议，但在犹太家庭却是一件很寻常的事情，这样的备忘录有利于孩子合理地支配金钱，同时也让孩子学会了如何理财。当然，犹太人的备忘录涉及生活的方方面面。他们认为，面对生活中的各种琐碎之事，再聪明的人也很难把所有要记的东西记住，而使用备忘录是一个十分有效的方法。

　　如今，很多孩子在生活中丢三落四，经常忘记重要的事情，总是让父母操心。我们不妨借鉴一下犹太父母的做法，引导孩子制作生活备忘录，它是一种更为高效的生活方式。

　　首先，生活备忘录可以引导孩子思考。犹太人认为，生活的每一件事都带着思考，如果孩子能对这些事情进行简单记录，记录和此后查看的过程，都给了孩子思考的机会。

　　其次，生活备忘录对孩子每天的言行可以起到监督作用。假如你给孩子制定了很多小规矩，生活备忘录可以对孩子做的事情进行检验，看他是否守规矩了。当然，检查生活备忘录的工作要让孩子自己完成，他可以从中获得反思，同时改进自己的做事方式。

　　最后，生活备忘录可以给予孩子更大的成就感。孩子检视自己的备忘录时，看到自己每天做的一件哪怕是有一点点意义的事时，都会产生一种独特的成就感，享受着只有自己才能享受的幸福感。这种成就和幸福会督促孩子更加努力地生活。

　　所以，孩子到了一定的年龄，父母要引导孩子养成写生活备忘录的好习惯，并且与孩子一起参与其中，这样不仅能提升亲子关系，也能让孩子从中收获很多。

阅读心得

1. 尊师重教理念

2. 珍视时间理念

3. 崇尚知识理念

4. 独立意识理念

5. 性格教育理念

6. 品德培养理念

7. 处世学问理念

8. 健康教育理念

9. 财商教育理念

10. 享受生活理念